CLUB DE LANDERNEAU

A Landerneau et ses environs, les affaires sont dans le marasme, l'agriculture et l'industrie souffrent, on n'entend que plaintes et gémissements.

Quelques citoyens s'entendent pour former une réunion afin d'y étudier les causes du mal et rechercher les moyens de le guérir ; on étudiera la question sociale, principalement ce qui intéresse les nécessités de la vie en société sans aborder la politique ni les religions.

Les organisateurs décident que les principales questions seront étudiées en petits comités avant d'être exposées en assemblée générale et en réunion publique, les membres devant préparer les rapports seront au nombre de 21, pris dans toutes les classes formant le corps social.

La première réunion est fixée au 28 février, 7 heures du soir. Les membres ayant pris leurs places, le citoyen Potin demande que l'on procède à l'élection du bureau, ce qui est accepté.

MM. Maillet est nommé président.
Le Sac est nommé vice-président.
Potinard, secrétaire.
Brac, assesseur.
Gripart, assesseur.

Monsieur le président se lève et prononce l'allocution suivante :

Mes chers concitoyens, je vous remercie de l'honneur que vous me faites en me donnant la présidence de cette réunion d'hommes se dévouant pour rechercher les causes du mal dont souffre la société ; comptez sur mes efforts pour mériter votre confiance ; notre réunion comprend toutes les situations composant les classes du corps social ; nous étudierons avec fruit les questions qui intéressent le pays et les causes qui ont amené la crise qui sévit sur notre agriculture, notre industrie et notre commerce ainsi que les moyens d'y remédier ; nous éviterons les questions politiques et religieuses afin de ne pas passionner les débats qui, sous ces deux influences, sont presque toujours stériles, nous devrons surtout étudier les questions d'intérêt général au point de vue de l'existence matérielle de la vie ; une nation ne vit pas de discours. elle en meurt ; nous aurons à examiner notre système économique et les résultats qu'il donne, nous allons nous partager la besogne en petits comités pour étudier les questions suivantes avant de les exposer en séance publique :

1° La valeur du sol de la France, son rendement en produits.

2° Les moyens employés pour la culture du sol.

3° Considérations générales sur la propriété.

4° Exploitation agricole.

5° Considérations sur notre système économique.

6° Moyens de ramener la prospérité.

7° Le rachat du sol.

8° Constitution d'une caisse nationale de prêts à l'agriculture.

9° Organisation d'un fonds d'épargne par l'assurance pour constituer des pensions de retraites aux vieillards agés de 60 ans.

10° Considérations générales sur la question.

11° Considérations sur la perception.

12° Considérations sur l'industrie et la question ouvrière.

13° Observations sur l'espèce humaine.

14° Considérations sur la crise industrielle.

15° Considérations sur le commerce.

16° Considérations sur les brevets d'invention.

17° Discussions générales.

Vous le voyez, mes chers concitoyens, nous avons une besogne considérable à préparer, je vous propose d'ajourner notre séance au premier Mai. Adopté.

SÉANCE DU 1er MAI

M. le Président. — Citoyens, la séance est ouverte, la parole est donnée à M. Gratin, pour nous indiquer la valeur du sol de la France.

Citoyen Gratin. — Messieurs, j'ai consulté les statistiques pour chercher à connaître la valeur de notre sol sans trouver de renseignements satisfaisants, j'ai pensé que le meilleur moyen d'apprécier la valeur du sol est de calculer le produit qu'il donne annuellement en me fondant sur la quantité d'habitants qu'il nourrit, c'est la seule base possible pour établir un rendement approximatif se rapprochant de la vérité.

La France est habitée par 36 millions d'individus; la moyenne de la dépense pour chaque habitant peut-être évaluée à un franc par jour, pour la nourriture, l'entretien, le logement et le superflu. En effet, tout ce qui est nécessaire à la vie est tiré du sol; il est des êtres qui ne dépensent que 20 à 25 centimes par jour et d'autres 15 à 20 francs, en ne tenant compte que du nécessaire, je pense donc que la dépeuse moyenne de un franc par jour à notre époque n'est pas exagérée; au commencement de ce siècle cette dépense individuelle était en moyenne de 40 à 50 centimes par jour. La propriété ayant plus que doublé de valeur, la main d'œuvre, ayant augmenté également, le prix de l'existence a suivi la progression, la dépense de un franc par jour paraît une moyenne acceptable comme base de calcul pour apprécier la valeur des produits du sol, et sa valeur en espèces ; il n'est pas douteux que si les individus ne dépensaient que ce qui est strictement nécessaire à l'existence, la moyenne n'atteindrait pas un franc par jour, mais le superflu doit être également compté puisque c'est encore le produit du sol qui le fournit.

Si 36 millions d'individus dépensent un franc pendant 365 jours, en négligeant les années bissextiles, cela fait un total de 13 milliards 220 millions, cette somme est donc le revenu annuel du sol ; or, si nous pouvons en apprécier le revenu, il nous est facile d'en déterminer la valeur. Prenons le taux de 5 p. 0/0, le sol de la France aurait une valeur de 260 milliards; ces estimations ne sont que des approximations basées sur une valeur de convention qui a été donnée à la propriété du sol à notre époque.

Le Président. — Le moyen que vous employez pour calculer la valeur du sol de la France permet une évaluation probable ; cependant notre sol ne nous fournit pas tout ce dont nous avons besoin ; il faut en excepter le coton, le café, le tabac et d'autres objets, nous devons aussi tenir compte de nos importations et de nos exportations; néanmoins je pense comme vous que la dépense de un franc par jour et par habitant n'est pas exagérée en y comprenant les dépenses superflues et inutiles, dépenses s'élevant au moins à 25 p. 0/0 du nécessaire; en admettant que le sol produise un franc par jour et par habitant, pensez-vous que ce rendement ne puisse pas être dépassé ni amoindri ; notre système économique en ce qui concerne l'exploitation du sol est-il basé sur l'équité et l'intérêt général ?

Citoyen Ulysse. — Sur ces diverses questions, je puis, M. le Président, donner quelques appréciations ; je dois dire que si la propriété du sol a été d'abord basée sur la force primant le droit, elle est devenue avec le temps très-légitime et incontestable, cependant on doit reconnaître que le droit à la propriété du sol est limité par cette raison qu'une nation a un droit absolu et naturel sur les produits de son sol pour en vivre, ce qui indique que la propriété du sol a une limite ; l'occupant est propriétaire du droit de cultiver à sa guise et selon son intérêt, mais le législateur n'a pas prévu le cas où le propriétaire cesserait la culture ou exploiterait en usurier et détruirait la propriété végétative du sol pour le rendre stérile ; ce défaut de notre système économique est très-grave ; c'est un péril social dont on commence à ressentir l'effet. En 1789, nos pères en décrétant le système économique qui régit le sol n'ont eu en vue que la liberté et l'égalité, ils n'ont pas pensé que l'exploitation du sol est la seule chose qui devait être réglementée et protégée dans l'intérêt général ; les produits du sol sont indispensables à la nation, c'est son seul moyen d'existence ; on a aliéné ce droit d'exploitation, c'est une imprudence ; il eût fallu tenir compte de la possibilité de détruire le sol par une exploitation insensée et mettre un frein à l'intérêt particulier, par cette raison que le sol est épuisable ; sa fécondité donne la vie facile, sa stérilité détruit un peuple. La terre végétale a une composition chimique qui ne doit pas être modifiée ; si on lui retire les ingrédients qui constituent cette composition, ce n'est plus de la terre végétale, c'est un véhicule n'ayant plus le pouvoir de donner la vie aux plantes ; une terre bien composée, après chaque récolte qu'elle donne, doit recevoir au moins 15 p. 0/0 de fumure appropriée à la récolte qui doit suivre, c'est le minimum nécessaire à sa composition végétative ; si la fumure est plus considérable, la récolte est plus abondante, mais si au lieu de lui donner la fumure nécessaire on lui prend tout, elle s'use et devient stérile. Dans nos pays vignobles, il y a 50 ans, on plantait un pied de vigne par mètre de terre ; avec peu d'engrais, on avait de bonnes récoltes ; la propriété ayant triplé de valeur on a voulu tripler la récolte et au lieu d'un pied on est arrivé à en mettre cinq et cela sans augmenter la fumure ; le sol a donné ce qu'il a pu jusqu'à épuisement, la terre ayant perdu sa composition végétative est devenue stérile et les poux de la misère que l'on nomme phylloxera n'ont pas tardé à compléter la ruine des usuriers du sol ; organisez des champs d'expérimentation, des fermes modèles et tous les instituts agricoles que vous voudrez, vous n'arriverez à aucun résultat autre que de prouver que pour avoir de bonnes récoltes, il faut de la terre bien fumée. Nous avons une école qui fonctionne autour de toutes nos villes importantes : c'est la culture maraîchère qui donne un rendement 3 ou 4 fois plus considérable que nos meilleures cultures, il n'est pas un cultivateur qui ne sache que c'est à l'aide du fumier mis avec discernement que l'on obtient de bonnes récoltes, sur ce point la science a donné toutes les indications nécessaires, ce n'est pas à l'ignorance qu'il faut attribuer la décadence de notre agriculture, c'est à la manière d'exploiter la culture du sol.

Les propriétaires du sol cultivable sont divisés en deux catégories :

1o Les propriétaires cultivant eux-mêmes.

2o Les propriétaires faisant exploiter par des fermiers.

La première catégorie de propriétaires cultive le sol pour en obtenir un bon rendement, la terre produit entre leurs mains des récoltes abondantes et conserve sa propriété végétative, malheureusement si cette catégorie est nombreuse, c'est la minorité comme étendue territoriale. La deuxième catégorie est celle qui détient la grande culture et l'étendue la plus considérable du sol et n'en tire qu'un mauvais rendement. Un propriétaire qui exploite lui-même obtient un rendement qui produit un revenu de 5 à 8 p. 0/0 par an selon les plus ou moins bonnes récoltes par cette seule cause qu'il entretient sa terre avec les engrais nécessaires et conserve au sol sa propriété végétative; il supporte facilement les mauvaises années, il peut toujours continuer son industrie.

En ce qui concerne le propriétaire faisant valoir en location, M. Gratin peut nous renseigner à cet égard.

M. Gratin. — Pour répondre à la question, je dois vous dire que je suis le locataire d'une ferme appartenant à M. Ventripotin, mon bail est de 9 années, le prix de location annuelle est de 3,500 fr. et les impôts sont à ma charge. Si je suis bien renseigné, cette ferme a coûté cent mille francs et les frais, soit 110,000 fr. ; le prix du loyer n'est donc pas exagéré, mais il est bon de dire que cette ferme ne valait que 30,000 francs, il y a 50 ans et qu'à cette époque la main-d'œuvre et le prix de chaque chose utile à la vie était de 50 p. 0/0 moins élevé qu'aujourd'hui ; il est vrai que les produits de la ferme se vendent plus cher qu'autrefois.

J'ai pris le fermage à la suite d'un locataire qui ne pouvait plus tenir la ferme, il l'avait exploitée pendant 10 ans et avait fait des pertes de bétail et vécu avec parcimonie sans gagner d'argent, le rendement de la terre ayant diminué parcequ'il n'avait pas les moyens d'y mettre des engrais ; en entrant en jouissance, après avoir acheté le matériel et les bestiaux nécessaires à l'exploitation, il me restait un petit capital, je l'ai employé à l'achat d'engrais.

Je suis à la troisième année d'exploitation et je n'ai obtenu qu'un rendement de récolte insuffisant, tellement la terre avait été appauvrie ; il faudrait une fumure abondante tous les deux ans pour ramener le sol à son état normal, cela ne m'est pas posssible, je gagne à peine ma vie et si mes moyens me permettaient de mettre les fumures nécessaires, je ne le ferais parce que je n'arriverais à avoir une terre productive qu'à la fin de mon bail, j'aurais donc sacrifié mon avoir au profit de mon propriétaire, qui m'en saurait gré certainement, mais qui ne m'en tiendrait pas compte ; pour essayer de rattrapper une partie de mon argent, pendant les trois dernières années de mon bail, je ne mettrai plus de fumure et il me faudra la plus stricte économie pour arriver à ne pas perdre d'argent, je connais très-bien mon métier, si j'étais propriétaire de la ferme, il est certain que je lui ferai produire de 40 à 50 p. 0/0 de plus qu'elle ne produit, je sacrifierais une partie du revenu en bonnes fumures pendant 10 ans et après j'aurais un très-bon rendement de récoltes, je n'aurais plus qu'à entretenir ma terre en bon état, mais comme locataire cela est impossible. Tous les fermiers qui ont un petit capital agissent comme moi, mais ceux qui ne possèdent qu'à peine le nécessaire pour leurs exploitations obtiennent un résultat moins favorable, ils tirent tout ce qu'ils ne peuvent pas vendre, et le plus souvent, ils ne peuvent même pas payer leurs loyers, aussi vous devez comprendre dans quel état de pauvreté est le sol qu'ils cultivent et, il faut le dire, les malheureux ne peuvent faire autrement ; je vous ai dit messieurs que la ferme que j'exploite valait 30,000 francs il y a 50 ans, elle était louée 1,200 francs ; le propriétaire avait un bon revenu et le fermier gagnait assez d'argent pour pouvoir entretenir la terre en bon état de rendement, le bétail était plus nombreux, on élevait des moutons pour en vendre la laine, on faisait beaucoup plus de céréales, ce qui donnait de la paille pour les fumiers il était donc facile de bien fumer la terre.

Aujourd'hui nos industriels achètent des laines étrangères, nos meuniers achètent des grains étrangers, l'étranger nous fournit aussi des viandes salées et même vivantes ; notre agriculture est donc obligée de produire moins de paille, moins d'animaux, ce qui nécessairement nous produit moins de fumier; si vous joignez à ces faits le prix exagéré de la propriété et les charges qui la grèvent, vous connaîtrez les causes qui ruinent l'agriculture et conduisent la nation à la misère.

Le citoyen Ulysse. — Ce que vient de dire M. Gratin est peu rassurant pour l'avenir de notre pays, c'est bien la situation que nous a amenée notre régime économique, notre réunion fera appel à toutes les bonnes volontés pour élucider les questions qui nuisent surtout à l'agriculture qui sont la base de notre existence ; on vient de nous le dire, le sol a été appauvri en partie seulement très-heureusement car la partie exploitée directement représente le tiers du sol, mais la perte de rendement des deux autres tiers laisse un vide qui produit un malaise général, lequel ne fait que s'accentuer chaque année et comme il est impossible que nous puissions vivre avec le produit du tiers du sol, il faudra bien que l'on prenne des mesures énergiques pour y ramener la prospérité. Il est clair que le seul moyen pour y arriver est la suppression de la culture indirecte ou la réglementation de la fumure du sol ; on connaît la quantité d'engrais nécessaire à un hectare de terre selon sa qualité, il suffirait d'édicter une loi obligeant tous les propriétaires du sol cultivable à donner une fumure rationnelle déterminée par une commission cantonale présidée par un employé des contributions, cela ne coûterait que très-peu à l'Etat. car la commission fonctionnerait gratuitement dans chaque canton.

Les propriétaires qui n'exécuteraient pas la loi seraient taxés d'un impôt supplémentaire équivalent au prix de revient de la fumure qu'ils refusent de donner au sol, quand ils se conformeraient en partie aux prescriptions de la loi et des ordonnances des commissions cantonnales; on comprend bien que te propriétaire étant directement responsable il prendra des mesures avec ses locataires pour ne pas être obligé à payer le double de ses impôts, car une fumure rapportera capital et intérêt; l'impôt supplémentaire serait une perte sèche et on examine les conséquences qu'une telle loi aurait sur la prospérité nationale, on reconnaît que, actuellement nos fermiers obtienuent en céréales un rendement dérisoire, soit 15 à 18 hectolitres de blé à l'hectare et ce rendemént devrait être de 30 à 32 hestolitres. Dans une terre bien composée avec le rendement de 15 hectolitres, la culture perd de l'argent, avec le rendement de 30 elle en gagnerait et nous n'aurions pas besoin d'acheter à l'étranger, autrement que contraints par les mauvaises récoltes. Ce n'est pas tout encore. car en récoltant plus de blé on récolte plus de paille ce qui permet de faire plus de fumier, or si la production de l'agriculture était de 18 à 20 millirds au lieu de 10 à 12, non-seulement elle gagnerait de l'argent, mais les objets nécessaires à la vie seraient de 25 0/0 meilleur marché, ce qui nécessairement, ferait diminuer la main d'œuvre, et le prix de revient de chaque objet permettrait à notre Nation d'exporter ses produits au lieu d'en importer; la vie à bon marché est le désidératum et l'idéal de tout le monde; mais avant tout il faut faire ce qu'il faut pour l'obtenir, nous nous dansons devant le buffet faute de savoir tirer partie de notre beau pays, nous avons été imprudents, et disons-le sans fausse honte, ignorants, en abandonnant l'exploitation du sol à la liberté individuelle; l'intérêt individuel étant rarement compatible avec l'intérêt général, aucune volonté souveraine n'a eu le droit d'aliéner légalement les produits du sol à l'intérêt particulier, par cette raison que ce droit est inaliénable, car un peuple ne peut pas se passer des produits de son sol et la loi naturelle est au-dessus de toutes les lois d'un pouvoir humain. Je vous dis cela, messieurs, pour vous démontrer que ma proposition d'obliger le propriétaire à entretenir le sol en bon état végétatif n'a rien d'excessif et que c'est une nécessité pour ramener la prospérité, et je dirai même que c'est un droit naturel.

M. Ventripotin. — Je demande à faire une observation. (*Parlez*). — J'ai des propriétés, certains fermiers me paient, d'autres me doivent des loyers, mon capital rapporte beaucoup moins que si je le faisais valoir autrement et vous demandez à ce qu'on m'oblige à fumer mes terres, soit à une dépense qui absorberait la moitié de mes loyers et ce n'est pas moi qui aurait le profit de ces fumures, mais mes fermiers; et ensuite vous porteriez atteinte à ma liberté individuelle, et enfin où voudriez-vous que je me procure des engrais ; je n'en ai pas, je comprends bien que les moyens que vous proposez auraient un résultat certain si on pouvait les pratiquer, mais il y a les inconvénients que je viens de vous signaler qui le rendent impraticable.

M. le Président. — Permettez-moi, monsieur Ventripotin de répondre à vos objections.

Il est certain que, si on obligeait les propriétaires à l'entretien de leurs terres, ils auraient pendant quelques années des capitaux à immobiliser sur leurs propriétés, mais il est reconnu par les agriculteurs que la terre paye le fumier qu'on lui donne, et si pendant quelques années les rendements sont au-dessous de ce qu'ils devraient être, cela tiendra à l'épuisement du sol qui conservera une part de fumure pour se reconstituer, mais des que la terre aura repris son état normal vous aurez des récoltes abondantes, vos fermiers paieront vos loyers, augmentés du prix du fumier que vous ferez mettre sur vos terres et ils gagneront largement leur vie. On attenterait, dites-vous, à votre liberté individuelle en vous obligeant de gagner de l'argent, en vous évitant une ruine certaine, en vous obligeant à entretenir la partie du sol qui vous est confiée ; si vous vous trouvez atteint dans votre liberté personnelle, cet intérêt doit s'effacer devant l'intérêt général et comme vous en aurez le profit vous serez moins à plaindre que ceux qui souffrent de votre imprévoyance. Vous craignez de ne pouvoir vous procurer des engrais, chargez vos fermiers de ce soin, ne louez vos propriétés qu'à des fermiers ayant le bétail nécessaire à l'exploitation et dites-leur que vous prendrez le fumier qu'ils produiront à dire d'experts ; soyez sans crainte, ils en trouveront. Chaque habitant produit la quantité d'engrais nécessaire à la reproduction de la nourriture qu'il consomme, il faut dire que nous nous empressons de perdre cet engrais en le jetant dans les cours d'eau, mais il faut espérer que la raison nous obligera à en tenir parti et d'ailleurs à côté des fumiers, n'avons-nous pas les engrais artificiels et exotiques. Soyez certain, Monsieur Ventripotin, que du jour où on vous obligera à rendre à la terre une partie de ce que vous lui prenez, les engrais de toutes sortes que l'on perd par incurie seront utilisés au grand profit de tous.

Continuez *M. Ulysse*.

Après ce que nous venons d'entendre il est bon de dire que si l'obligation de tenir le sol en bon état doit être imposée pour vaincre l'incurie et l'avarice, elle est inutile pour les propriétaires intelligents, soucieux de leurs intérêts.

A ces derniers je dis : Vos fermiers vous demandent une diminution de loyer donnant pour motifs qu'ils ne peuvent plus vivre de leur travail à cause de l'insuffisance des récoltes.

Répondez ceci :

Si je diminue votre loyer cela ne changera pas le rendement des récoltes et le sol sera de plus en plus appauvri. Sur un loyer de quatre mille francs vous me demandez une diminution de mille francs, j'accepte, mais voici comment: vous continuerez à me payer quatre mille francs et moi je m'engage à fournir pour mille francs d'engrais par année, par ce moyen, la terre reprendra sa composition végétative et vous donnera de bonnes récoltes; dans peu d'années, lorsque le sol sera reconstitué et donnera une plus value, nous nous entendrons sur le prix du loyer et je continuerai désormais à maintenir ma terre en bon état, nous ne ferons donc qu'un bail d'attente de 3, 6, 9, 12 ou 15 années. Après la première ou la seconde période nous pourrons nous entendre, sachant l'un et l'autre ce qu'il conviendra de faire.

Ce moyen constitue le véritable crédit à l'agriculture, les capitaux engagés ne pourront pas être détournés de leur destination. En effet, ce n'est pas de l'argent qu'il faut aux fermiers, ce sont des engrais, et jusqu'à présent les propriétaires n'avaient pas compris leurs intérêts en ne donnant des engrais qu'en quantité insuffisante puisque le sol s'appauvrit chaque année, je suis convaincu que le jour où une loi forcera les propriétaires à entretenir le sol en bons pères de famille la prospérité ne tardera pas à renaître ; ce moyen n'est pas le seul il en est un autre que je vais vous indiquer. Il a été dit que le défaut principal de notre régime économique est d'avoir laissé la culture du sol à deux intérêts, l'intérêt du propriétaire et l'intérêt du fermier; il existe un moyen de supprimer la culture indirecte, c'est-à-dire l'intermédiaire gênant, ce moyen consiste dans le rachat du sol par tous et au profit de tous sans faire tort d'un centime à qui que ce soit en ne s'adressant qu'à la bonne volonté des propriétaires qui ont besoin de recourir à l'emprunt ou à la vente de leurs propriétés. A première vue un tel projet paraît impossible à réaliser, je vais cependant vous indiquer les moyens d'y parvenir. On sait que ce qui manque à l'agriculture, c'est l'argent et il se fera de plus en plus rare par cette raison que l'on a retiré au sol sa propriété productive ; il nous a donné la richesse, il ne peut plus maintenant que nous donner la misère si nous ne lui rendons pas nos prélèvements exagérés. Il nous faut pour arriver à notre but avoir recours l'épargne; une nation qui dépense 13 milliards par année peut bien économiser 400 millions pour constituer un capital d'épargne destiné au rachat du sol. Il nous faudra pour l'opération créer une caisse nationale pour recueillir l'épargne et placer le capital sous forme de prêt à l'agriculture. En proposant le rachat du sol par cette épargne, je poursuis un double but : ramener l'agriculture à la prospérité, obtenir un excédant de rendement qui permette de constituer des pensions de retraite à nos vieillards dès l'âge de 60 ans et arriver ainsi à diminuer la misère.

Pour arriver à l'extinction du paupérisme, il faut pouvoir disposer d'un gros capital. Il est impossible de demander ce capital au budget de l'Etat, et si on le demandait à l'impôt, il faudrait augmenter les charges des contribuables dans de telles proportions que l'on conduirait le pays à la ruine en le mettant dans l'impossibilité de maintenir son commerce d'exportation, par l'élévation du prix de main-d'œuvre de chaque objet.

On ne peut demander ce capital qu'à l'épargne. Une nation a une existence illimitée ; si elle veut constituer un capital à l'aide de l'épargne, si modique que soit celle-ci, elle arrivera toujours à former ce capital aussi considérable qu'elle le voudra pour obtenir, par les intérêts, la somme nécessaire à ses besoins.

Pour la question qui nous occupe, c'est un capital qui aurait une destination spéciale qu'il s'agit de créer. Nous avons à examiner comment on peut constituer l'épargne, pour former un capital d'assurance permettant de donner des pensions de retraite et d'obtenir indirectement l'extinction du paupérisme ;

nous avons aussi à voir si l'épargne doit être prélevée sur la société entière, ou seulement sur certaines classes et dans quelles proportions.

Les impôts nécessaires aux besoins de l'Etat sont à la charge de tout le corps social.

La charité est à la charge volontaire d'une partie de la société.

Soulager les misères par la charité, c'est l'aumône particulière, c'est-à-dire la bonne volonté.

Eviter les misères à l'aide de l'épargne, par la prévoyance, c'est l'action publique.

La charité particulière étant remplacée, en partie, par la prévoyance publique, ce sont les mêmes ressources qui doivent y faire face mais sans obligation.

On ne peut prélever l'épargne qu'après le nécessaire. Il faut donc avoir recours à deux moyens pour constituer ce capital : obliger à l'épargne ceux qui ont toujours le nécessaire et y faire concourir indirectement ceux qui n'ont pas toujours le nécessaire, comme cela se pratique pour les impôts directs et indirects.

Le capital d'épargne ne devrait pas être employé à soulager directement les misères, il ne devrait servir qu'à constituer des pensions de retraite aux vieux ouvriers de l'agriculture et de l'industrie, à tous les travailleurs et à tous les Français ayant pris part aux versements des primes, qui à l'âge de 60 ans auraient besoin d'y avoir recours pour vivre.

Si on voulait arriver à pensionner seulement

les vieux ouvriers de l'agriculture et de l'industrie et en exclure les autres citoyens pauvres, toutes les personnes qui vivent de leur travail, en dehors de l'industrie et de l'agriculture, déserteraient leurs métiers pour pouvoir profiter de la pension de retraite. Ce système jetterait une telle perturbation dans les classes laborieuses qu'on ne doit pas y songer, il est donc indispensable de ne faire aucune exception, de faire intervenir toutes les classes de la société à la formation de l'épargne et de ne faire aucune exclusion absolue aux bénéfices que produirait l'épargne.

Le concours des classes qui possèdent ne peut pas être le même que celui des classes qui n'ont que la misère pour tout bien ; les charges qui incomberaient aux diverses classes de la société ne sauraient donc être de même nature ; celles qui possèdent la fortune auraient la plus lourde charge ; elles devraient subir l'obligation de payer leur prime d'assurance, et, comme il est probable qu'une notable partie des personnes composant ces classes abandonneraient volontairement leurs pensions de retraites aux malheureux, et, d'autre part, comme elles paient déjà les impôts ordinaires, elles serviraient d'intermédiaires pour verser à la caisse nationale le produit de l'épargne indirecte et directe des classes laborieuses.

La classe ouvrière, plus directement intéressée aux bienfaits de l'assurance contre la misère, devrait concourir également à la formation du capital d'épargne, mais sans autre obligation que son intérêt. Toutes les classes de la société sont solidaires les unes des autres et toute la société est intéressée à l'extinction du paupérisme; on doit donc chercher à résoudre la question équitablement, et, pour arriver à une solution pratique, il faut le concours de la loi, afin de vaincre la force d'inertie de notre pauvre humanité.

Depuis un demi-siècle, de nombreux efforts privés ont été tentés; sans méconnaître les bons résultats obtenus, il n'est douteux pour personne que les entreprises isolées ne peuvent presque rien pour la solution de cette question qui intéresse tout le monde à tous les degrés de l'échelle sociale; on doit donc faire tout ce qu'il est possible pour guérir le mal qui ronge la société depuis tant de siécles.

On peut y arriver par plusieurs moyens que nous allons indiquer.

Le premier serait d'ajouter quelques centimes additionnels aux impôts actuels ou à quelques-uns de ces impôts; la perception en serait fort simple, puisqu'on n'aurait rien à changer à ce qui existe. Le capital prélevé pèserait sur la nation entière sans exception; il serait possible de dépenser une partie du capital et d'accumuler l'autre comme fonds d'épargne, nous pensons que ce moyen ne donnerait pas toutes les satisfactions désirables, malgré les résultats considérables qu'on en obtiendrait.

Le second moyen, selon moi, donnerait toute satisfaction au double point de vue matériel et moral. Je demande qu'un impôt d'assurance soit établi par une loi; cet impôt serait de cinq centimes par jour et par habitant des deux sexes, à partir de l'âge de 15 ans.

Les travailleurs des deux sexes, recevant un salaire après l'âge de 15 ans seront exonérés de l'impôt d'assurance, qui sera payé à leur lieu et place, par les personnes qui les occuperont, à raison de cinq centimes par journée de travail. Comme la prime d'assurance annuelle de chaque assuré sera de 18 francs, les personnes qui occuperont des travailleurs n'étant obligées qu'à payer cinq centimes par journée de travail, et ce nombre de journées ne dépassant pas 300 au maximum par année, les travailleurs auront le droit de compléter la somme de 18 francs, montant de leur prime annuelle d'assurance, mais sans obligation fiscale.

Il est bien entendu que la loi n'oblige pas les personnes qui occuperont des travailleurs à payer les cinq centimes de leurs deniers, et qu'ils auront toujours le droit de retenir ces cinq centimes sur le salaire des gens qu'ils occuperont, à moins qu'ils ne préfèrent leur en faire don à titre gracieux; la loi n'obligera les personnes qui occuperont des travailleurs qu'à des versements dont ils sont dépositaires.

Si un ouvrier ne fait que 200 journées de travail dans une année, le patron n'aura que 10 fr. à verser pour le compte de l'ouvrier, et si cet ouvrier ne veut pas perdre sa part du maximum de la pension de retraite, il devra remettre 8 fr. à son patron, pour que le patron puisse verser la prime complète de l'année.

Pour obtenir le maximum de la pension de retraite, l'ouvrier devra accomplir ou payer pour 16,000 journées de travail ; celui qui travaillera moins ou paiera moins aura une pension de retraite moins élevée, en rapport avec les sommes payées.

L'individu qui n'aurait ni travaillé, ni payé n'aurait à prétendre à rien.

Chaque assuré sera porteur d'un livret, tenant lieu de titre au droit à la retraite ; ce livret contiendra la photographie de l'individu renouvelée tous les 10 ans, les noms, âge, qualité et signalement, et le chiffre de la prime d'assurance versée chaque année.

Les porteurs du livret qui, à l'âge de 60 ans, demanderont la pension de retraite et justifieront qu'ils ont payé ou qu'on a payé l'impôt pour eux, auront droit à cette pension, selon le total des sommes versées.

Les travailleurs seront privés de compléter leur prime d'assurance annuelle pour les journées perdues par suite de débauche ou de punitions judiciaires.

Le temps passé au service militaire sera compté comme journée de travail ; l'impôt sera à la charge de l'Etat.

Les personnes fortunées auront le droit de prendre le titre de bienfaiteurs, en versant une somme de 2,000 fr. comme prime unique d'assurance personnelle, tout en conservant le droit à la retraite en cas de revers de fortune.

Les noms des bienfaiteurs seront affichés, pendant leur vie, dans la salle de la mairie de la commune où ils résident.

Tous les assurés auront le droit de payer en une ou deux fois leur prime d'assurance à vie, en versant 1,000 fr. à la caisse nationale et conserveront le droit à la retraite. Une obligation leur sera délivrée comme pièce justificative.

La pension de retraite, basée sur la mutualité, sera inaliénable, insaisissable et intransmissible.

Un tribunal de pères de famille sera constitué dans chaque localité, pour juger les différents relatifs à l'impôt et à l'insolvabilité des habitants se trouvant dans des conditions à ne pouvoir en supporter les charges, et qui feraient la demande de ne pas être assurés.

Les capitaux provenant des primes d'assurance, pour ne pas rester improductifs, pourront être immédiatement prêtés à intérêt, au taux légal de la valeur de l'argent, à l'agriculture, sur le sol.

Nous prenons le taux de 5 p. 0/0 pour établir une base de calcul, mais il est bien évident que les prêts ne pourraient se faire qu'au taux légal de la valeur de l'argent et que la quotité des pensions de retraite ne pourrait être fixée que sur le total des revenus de l'assurance ; le maximum des pensions ne, fût-il que de 7 à 800 fr. au lieu de 1,200, que ce résultat serait encore très-bon.

Le capital social d'assurance se composerait du versement des cinq centimes par environ 25 millions d'habitants des deux sexes, soit 456 millions de francs par année. En retranchant 56 millions pour les non-valeurs, il reste 400 millions, qui aussitôt reçus retournent à l'industrie et à l'agriculture sous forme de prêts ; pour la production des intérêts, il n'y a donc aucun déplacement du capital.

Le capital d'assurance se grossit des intérêts, des versements des assurés décédés, des versements des assurés faisant don de leur part et des versements des étrangers résidant en France et qui n'ont droit à la retraite que s'ils sont naturalisés depuis l'âge de 20 ans, ou 40 ans avant d'avoir droit à la retraite. Si l'on consulte les tables de mortalité de Déparcieux, on trouvera que sur 25 millions d'habitants à partir de l'âge de 15 ans, il n'en reste à 60 ans que 3 millions 502,174.

D'après notre système, on peut sur ce dernier nombre en déduire un tiers pouvant vivre sans la pension de retraite, il ne reste donc plus que 2 millions 500 mille habitants des deux sexes ayant besoin de cette pension.

Afin d'arriver à la formation du capital nécessaire pour constituer des pensions de retraite pouvant s'élever jusqu'à 1,200 fr. pour ces 2 millions 500 mille individus, il faudrait capitaliser les primes d'assurances pendant 45 ans avant de faire profiter la société des bienfaits de l'institution. Nous pensons qu'il y aurait injustice à faire constituer le capital par les générations présentes sans les faire participer aux bénéfices qui résultent de leurs apports ; aussi nous indiquons plus loin le moyen de prélever une somme sur les primes annuelles pour constituer des pensions de retraite une année après la mise en pratique de notre système d'assurance.

Le capital de 400 millions par année placé à 5 p. 0/0 d'intérêt pendant 45 ans donne un produit de 63,480,063,338 fr. 37 centimes,

En dépensant l'intérêt de ce capital qui est de 3,174,003,116 fr. 91 centimes on donnera à chacun des 2 millions 500 mille rentiers, 1,269 fr. 60 de pension ; si on réduit 69 fr. 60 centimes pour frais de perception et d'administration de banque les pensions de retraite seront encore de 1,200 fr. par individu, en admettant que les versements aient été faits au complet.

Le capital de 63 milliards paraît impossible à réaliser puisqu'il n'existe pas en numéraire mais si l'on réfléchit, on reconnaît qu'il peut véritablement exister, car il sera représenté par le sol et les valeurs mobilières et immobilières résultant du prêt de 400 millions par année. On n'a pas besoin d'attendre que le capital soit entièrement formé ; dès qu'il y aurait 58 milliards, on joindrait les primes annuelles aux intérêts du capital pour obtenir la somme nécessaire aux pensions de retraite.

L'agriculture pourrait emprunter trois fois cette somme chaque année; le pays y bénéficierait de sommes considérables car c'est toujours l'argent qui manque à cette branche de notre vitalité sociale.

Qu'on ne craigne pas de manquer d'emprunteurs; il y en aura toujours d'inscrits avant la disponibilité des sommes à placer, malgré la somme des intérêts qui viendra grossir les 400 millions, et si les emprunteurs venaient à faire défaut, l'Etat n'a-t-il pas besoin d'argent pour payer sa dette ? Il trouverait bien certes le moyen d'employer ce capital en en servant les intérêts par les impôts ordinaires ; et, enfin si à une époque lointaine, la recette des primes annuelles jointe aux intérêts du capital, arrivait à former une somme trop considérable, dont on ne trouverait pas le placement chaque année, ou si ce capital à prêter à intérêts devenait une gêne pour le pays, on aurait toujours la faculté d'arrêter l'opération et de joindre les excédants aux pensions de retraite ou de placer sur le sol étranger.

Cette question des prêts est le seul côté hypothétique du système que nous proposons ; cependant, en se rendant compte de la quantité d'opérations de prêts qui se font chaque année, on est convaincu de la possibilité de constituer un capital nécessaire pour arriver à 1,200 fr. de rente au maximum, et, en admettant qu'on ne puisse atteindre ce chiffre, il faut bien convenir qu'il est possible d'obtenir un résultat satisfaisant. Quand même les pensions de retraite n'arriveraient à atteinde que de 400 à 1,000 fr. la somme de bien qui en résulterait pour la société serait encore si considérable qu'on ne devrait que rechercher à faciliter l'établissement de notre système d'assurance.

La banque qui sera chargée du capital d'assurance pourra émettre des billets garantis par tous, étant la propriété de tous.

Comme le temps nécessaire, c'est-à-dire 45

ans, ne permettrait pas d'appliquer les bienfaits de l'institution aux générations présentes, on pourrait obvier à cette difficulté en faisant un emprunt à la caisse d'assurance, c'est-à-dire à nous-mêmes, pour donner des pensions de retraite, d'abord aux vieillards de 75 ans, et un peu plus tard, à ceux de 70 ans, et enfin à ceux de 60 ans.

La somme empruntée n'aurait qu'une valeur de convention et serait sans intérêts, puisqu'elle ne coûterait que le papier.

Sous la garantie de la nation entière, cet emprunt se trouverait annulé et payé par le dépôt des cinq centimes après 45 ans, lorsque le capital d'assurance serait formé.

On peut également n'accumuler que la moitié du capital d'assurance, pendant les 45 premières années et après les premiers versements, distribuer 200 millions chaque année aux invalides ayant atteint l'âge de 70 ou 75 ans. Par ce moyen on donnerait 150 à 175 fr. aux vieillards qui en seraient dignes.

Au bout des 45 premières années d'assurance on commencerait le service régulier des rentes; elles ne seraient d'abord que de 600 francs par an pour ceux qui auront droit au maximum de la pension, mais ensuite tous les versements seront capitalisés et les rentes augmenteront chaque année.

Cette proposition de faire profiter les générations présentes des bienfaits de l'assurance me paraît plus équitable que d'attendre pendant 45 ans avant de jouir de la pension de retraite.

Est-il possible qu'une entreprise financière puisse prêter 200 millions et même 400 millions, augmentés des intérêts d'année en année, pendant 45 ans? Nous le croyons. Les prêts hypothécaires particuliers et les prêts que font les sociétés de crédit de Paris seulement, s'élèvent chaque année à plus d'un millird et demi, et il est probable qu'une banque nationale prêterait 2 ou 400 millions par année tout aussi facilement qu'une banque particulière qui fait des opérations du double et même du triple chaque année.

La banque nationale d'assurance mutuelle fera sa place sur le marché des capitaux, comme le font les banques privées; son capital ne sera jamais représenté que comme valeur de convention sur une partie du sol comme cela se pratique pour le Crédit Foncier de France.

N'est-il pas raisonnable de croire que, si le Crédit Foncier opérait pour le compte de la banque nationale dans l'intérêt général de la nation, au lieu d'opérer dans un intérêt particulier, le système financier de la France n'en serait pas bouleversé? On peut même dire que les opérations financières privées n'en seraient nullement incommodées. Il semblerait que la formation d'un capital de 63 milliards en 45 ou 90 années, par les moyens que j'indique viendrait peser comme appoint sur le marché des capitaux et avilir le prix du numéraire; cela n'est pas, car le numéraire de la France ne serait ni augmenté ni diminué d'un centime; la seule chose qui peut se produire, c'est un déplacement d'opérations particulières au profit de la nation ; ceux qui auraient le plus à en souffrir seraient les usuriers.

Le capital d'assurance serait d'un grand secours à notre agriculture dont la production annuelle ne s'élève pas à plus de 10 à 11 milliards. Si l'on mettait à sa disposition des capitaux nécessaires et accessibles, sa production ne tarderait pas à s'élever de 15 à 18 milliards ; alors elle n'aurait plus à craindre la concurrence des marchés étrangers.

Je pense qu'il serait préférable qu'une nation économisât un capital d'assurance pour soulager ses vieillards que d'avoir recours à des emprunts qui sont laissés à la charge de ses petits-enfants. On n'ignore pas cependant où mène ce système d'emprunt qui augmente annuellement les dettes publiques ; nous en avons des exemples redoutables chez les nations qui nous entourent et dans l'augmentation de notre budget.

CONSIDÉRATIONS GÉNÉRALES

Si nous examinons l'effet que produirait le capital d'assurance sur notre économie sociale et sur notre système financier, nous trouvons que ce capital ne change rien à nos transaction ; car, en économisant, nous prenons un capital d'une main et nous le redonnons de l'autre, sans rien changer dans sa circulation.

Ce capital que nous concentrons soit à la Banque de France, devenue banque l'Etat, soit dans une banque spéciale, est, aussitôt sa réception, distribué sous forme de prêts hypothécaires sur toute la surface du pays.

Il ne se produit ni diminution, ni augmentation du capital roulant; il circule comme il le fait actuellement, et, ce qui est très-avantageux, c'est que qui que ce soit ne peut s'emparer du capital d'assurance, tellement il se trouve divisé sur la surface du pays, où, d'ailleurs, il n'existe pas en numéraire, mais simplement sous forme de garantie sur une portion du sol ou de propriété ; cette immense fortune n'est représentée qu'en équivalent et non en masse de numéraire ; nous ne saurions trop le répéter afin de bien faire comprendre l'économie du système.

La richesse du pays n'augmente que par l'intérêt des sommes prêtées, c'est la thésaurisation de l'épargne.

Voici un exemple de placement du capital d'assurance :

Le propriétaire d'un terrain valant dix mille francs a besoin d'emprunter six mille francs ; il fait faire la demande par son notaire à la caisse d'assurance du département, il obtient son emprunt à 5 p. 0/0 d'intérêt par année, et la somme remboursable à l'époque que choisira l'emprunteur, ce remboursement ne s'effectuant jamais si l'emprunteur le veut ; ce terrain sera grevé d'une rente de 300 francs, dont le capital sera remboursable à volonté. Ce terrain pourra changer de propriétaire, par une simple déclaration et le jour où le propriétaire ne peut plus payer les intérêts le terrain est mis en vente ou en location, et la caisse d'assurance ne prélève sur cette vente ou sur cètte location que l'intérêt de son capital.

Maintenant nous allons examiner comment il est possible de placer les 400 millions par année, pendant 45 ans, laps de temps nécessaire à la formation du capital fabuleux de 63 milliards, somme que le monde entier ne pourrait réaliser.

Je suis encore obligé d'avoir recours à un exemple pour exposer mon système financier.

Un propriétaire possède une terre de 20 hectares valant 50,000 francs; sa terre est médiocre; il ne possède ni le bétail nécessaire, ni assez d'argent pour donner à sa terre les améliorations qui augmenteraient ses revenus; il emprunte 10,000 francs à la caisse d'assurance. Il améliore sa terre par son travail avec l'argent qui ne lui fait plus défaut; cette terre, qui valait 50,000 francs, en vaut après ses améliorations 75,000. Ce propriétaire a donc augmenté sa fortune personnelle, et, en même temps, celle du pays de 25,000 francs ; et, quoique sa propriété se trouve grevée d'un loyer de 500 francs, la plus-value de ses recettes lui laisse encore un beau bénéfice; comme le remboursement du prêt n'est jamais exigible, à moins de négligence manifeste, il rembourse quand bon lui semble. Si une telle propriété vient à être vendue, l'acquéreur n'est tenu qu'à payer les intérêts, et le changement de propriétaire n'exige qu'un simple transfert.

Les emprunts se font par l'entremise des notaires avec l'approbation d'un conseil de surveillance, qui peut être le conseil d'arrondissement.

Voici encore un exemple qui se produirait :

Un grand propriétaire foncier a une terre valant un million, il a besoin de 500,000 francs et il les emprunte à la caisse d'assurance. Il n a plus besoin de s'adresser aux usuriers qui le conduiraient à une ruine certaine, ni de prendre d'engagements de remboursement à époques fixes; tant qu'il paie les intérêts on ne peut le déposséder, et s'il arrivait à cette extrémité, la vente de sa propriété ou sa location ne serait jamais pour lui une ruine complète. Cette grande fortune ne serait plus la proie des tripoteurs d'affaires. En admettant que ce grand propriétaire paie régulièrement ses intérêts et que sa famille continue les mêmes errements sans jamais rembourser, la caisse d'assurance ayant une somme sur cette propriété, la propriété devient presque un bien national que tout le monde respectera, puisque tous les individus ont une part indirecte d'intérêt sur cette propriété. Mon système apporte donc une garantie morale qui protège la propriété et en augmentera de beaucoup la valeur, parce qu'il y aura plus de facilités à devenir propriétaires par ces prêts d'argent, et ensuite parce qu'un grand nombre de propriétés seront mises en vente étant déjà grevées d'un prêt pour les trois quarts de leur valeur, et que des acquéreurs n'ayant qu'un capital de différence à payer, pourront devenir propriétaires avec la faculté de rembourser l'emprunt à leur convenance.

Non-seulement mon système d'assurance donnera une plus grande valeur à la propriété, mais encore il la consolidera financièrement et moralement.

Si la valeur du sol de la France est de 260 milliards, n'importe à quel chiffre elle s'élève, la somme de 63 milliards sera absorbée sans difficulté, et la masse de bien que les intérêts de ce capital immense produira, augmentera d'autant la richesse nationale ; nous croyons qu'une nation est comme une famille : le meilleur moyen de l'enrichir est de recourir à l'épargne.

Pour la constitution des pensions de retraite à l'aide de mon moyen d'assurance, on obtient comme conséquence :

L'amélioration morale et matérielle de la vie, la moralisation de la classe laborieuse, l'augmentation de la dignité humaine.

La créature humaine a un but, une espérance, elle a intérêt à suivre le droit chemin. Si elle reste honnête, elle en est récompensée par la sécurité de son avenir; son pain est assuré ; elle n'a plus cette préoccupation constante de ce qu'elle deviendra lorsque ses forces l'auront abandonnée ; elle obtiendra une récompense pour son activité et sa bonne conduite.

L'homme n'a plus à craindre de tendre la main comme dernière ressource; il donnera à la société sa force et son activité sans arrière-pensée, car la société lui donne et lui assure, sinon la fortune, du moins le nécessaire pour finir ses jours, but que toutes créatures sensées recherchent, et que les heureux seuls peuvent atteindre.

Et la situation du vieillard? Obligé d'avoir recours à ses enfants dès qu'il devient une non-valeur, il lui faut mendier aux êtres qu'il a élevés et nourris. S'il reçoit quelquefois de bonne volonté, le plus souvent il lui faut avoir recours à la contrainte. N'est-ce pas l'abaissement de la famille? La négation de l'arche sainte de la société? Combien il serait juste de mettre un terme à cette situation du vieillard en le transformant de non-valeur et de charge pour sa famille, en une providence apportant l'aisance! Au lieu d'avoir un traitement qui abrège ses jours, il sera traité avec égards, car plus sa vie sera prolongée, plus longtemps la famille profitera des avantages procurés par sa prévoyance et son labeur antérieurs.

La question du vieillard n'est-elle pas la question de tout le monde? Les conséquences de cette transformation ne conduiront-elles pas à la moralisation de la jeunesse, lorsqu'on lui enseignera, dans la famille, que pour être rentier important, il est indispensable d'être honnête et laborieux, et que le travail mènera certainement à la fortune? La maxime sera vraie cette fois pour tous les êtres humains, sans conditions d'intelligence. Si, par l'assurance, on arrive à améliorer, à consolider la famille, n'arriverait-on pas également à rapprocher les classes de la société, en effaçant cet antagonisme qui existe entre ceux qui possèdent la fortune et ceux qui n'ont que la misère sans espérance pour tout bien ? N'est-ce pas ramener la solidarité entre les diverses classes de la société, par ce fait que le riche aide à assurer l'avenir du pauvre.

N'est-ce pas une grande satisfaction pour l'homme de cœur riche, de ne plus se voir accosté par son semblable en haillons sordides venant lui tendre la main? Le sentiment d'envie et de convoitise qu'il inspire fera place à un sentiment de gratitude, car ce ne sera plus l'aumône qui blesse et avilit que le riche donnera au pauvre, ce sera une part de bien qui relève la dignité de celui qui donne, comme de celui qui reçoit. L'obole du riche sera bien minime et ne représentera pas la centième partie de ce qu'il donne au nom de la charité. Malgré cela, l'obole d'assurance lui vaudra la reconnaissance, au lieu que la charité ne lui donne que l'inimitié et quelquefois la haine.

L'assurance pour la sécurité de la vieillesse aura encore cette conséquence, qu'elle relèvera et augmentera le patriotisme.

Désormais le soldat pauvre, aura non-seulement la patrie à défendre, mais encore le pain de sa vieillesse et celui de sa famille; il défendra la propriété avec énergie, car une part de cette propriété sera la garantie de sa pension de retraite, et d'autre part le temps passé au service militaire ne sera plus considéré comme perdu pour son avenir.

Le cadre des sous-officiers de l'armée, qui se recrute avec difficulté, subira une amélioration considérable, car après 25 ans de service actif, il sera possible de leur accorder une pension de 1,200 fr., c'est-à-dire une situation enviable; ce moyen permettra d'avoir de très-bons cadres de sous-officiers.

L'industrie et l'agriculture auront la plus lourde charge à supporter en payant pour assurer la pension de retraite des ouvriers ; mais ce sacrifice, plus apparent que réel, ne devra-t-il pas ramener la confiance et la solidarité ? La satisfaction que devront éprouver les travailleurs ne se traduira-t-elle pas par une plus forte somme de travail qui compensera le sacrifice qui, d'ailleurs, ne sera que volontaire.

N'est-ce pas un grand bonheur que d'avoir la satisfaction de contribuer à assurer le pain de ses collaborateurs; et d'autre part, si l'agriculture et l'industrie font des sacrifices, ne recevront-elles pas une compensation dans la facilité qu'elles trouveront à emprunter de l'argent à la banque nationale ?

De tout ce qui précède, ne doit-on pas tirer cette conséquence, que l'assuranca facilitera la tâche des gouvernants ? En effet, le gouvernement n'aurait plus à supporter les exigences de la masse des mécontents, qui lui rendent la vie presque impossible.

Tant que la majorité de la nation sera malheureuse, et jusqu'à ce que cette majorité reçoive satisfaction, elle cherchera à changer le gouvernement pour en avoir un qui lui paraîtra devoir apporter un remède à son mal ; et du jour où le gouvernement aura supprimé les causes du paupérisme en assurant l'avenir des classes laborieuses, il supprimera la cause qui a toujours été le mobile des révolutions sociales. La majorité des travailleurs deviendra conservatrice et alors, mais alors seulement, un gouvernement pourra fonctionner avec calme; les partis ne pourront plus compter sur les malheureux pour appuyer leurs prétentions ; ils ne pourront plus que s'unir dans l'intérêt général, sachant bien que l'union fait la force, la force donne la sécurité et la sécurité le bonheur.

Certes, on n'empêchera jamais les gens composant l'écume sociale de chercher à vivre aux dépens des honnêtes gens ; mais la société prévoyante aura amené à elle tous les hommes qui comprennent que le bien-être et la prospérité ne peuvent venir que du travail et d'une vie réglée. De même qu'un père de famille doit penser à régler et à améliorer l'avenir de ses enfants, de même la société prévoyante doit penser pour ceux qui ne pensent pas, et régler les questions d'avenir de ceux qui, par ignorance ou par incurie, sont incapables de le faire eux-mêmes. L'assurance n'est pas seulement une nécessité, c'est encore et surtout un devoir que la société doit s'imposer, au point de vue de l'humanité, de la morale, de la famille. Ne serait-ce pas l'institution la plus honorable et la plus utile? Tout ce qui tend à relever la sécurité de la mère de famille, doit être adopté.

Nous admettons comme juste la retraite que l'on accorde aux employés de l'Etat, des municipalités et des grandes Compagnies.

Pourquoi refuserions-nous les mêmes avantages aux travailleurs. Les employés de l'Etat subissent une retenue sur leurs traitements; cette retenue est imposée, obligatoire. Le système que nous proposons pour les travailleurs est moins rigoureux, plus libéral, il ne repose que sur une demi-obligation et sur l'émulation des classes laborieuses.

Au point de vue moral et matériel, cette grande assurance peut donner les meilleurs résultats.

Chaque ouvrier étant porteur d'un livret indiquant toutes les actions de sa vie, il aura non-seulement intérêt à se bien conduire, mais encore à ne pas perdre, par sa faute, de journées de travail, pour devenir rentier aussitôt que possible.

Les bandits, les mendiants nomades et les espions étrangers ne pourront plus cacher leur identité, le livret contenant la photographie du porteur, sera un passeport à l'aide duquel il sera facile de reconnaître les honnêtes gens.

Tous les travailleurs respecteront la propriété, car ils auront indirectement une part de cette propriété.

Pour arriver à démontrer l'utilité de mon système de placement du capital d'assurance sur le sol qui donnerait satisfaction à tout le monde et surtout aux propriétaires qui ne peuvent que perdre beaucoup d'argent en continuant le système d'exploitation actuel, nous disons aux propriétaires nécessiteux : si vous avez besoin d'argent, adressez-vous à la caisse nationale, vous aurez de l'argent que vous rembourserez quand vous voudrez, vous n'aurez pas d'échéance à redouter, et le jour où vous ne pourrez plus payer les intérêts de la somme qui vous a été prêtée, vous en faites la déclaration, votre propriété est mise en location ou en vente, et comme la société ne vous a prêté que sur le sol, votre successeur aura à payer les intérêts de votre emprunt à la caisse nationale, et à vous ou à vos créanciers la valeur de vos immeubles, c'est-à-dire que si votre propriété vaut 100,000 francs et que la société vous en ait prêté 50,000, vons aurez à disposer de 50,000 francs, mais la société devient propriétaire perpétuelle d'une valeur de 50,000 francs sur cette propriété ; elle pourra acheter le restant du sol à dire d'experts, il n'y aura plus que ce qui le couvre qui sera l'objet de transactions entre les particuliers. D'après ce qui précède, on comprend que les baux de la terre seront à la volonté des locataires du sol et propriétaires des objets qui le couvrent ; ce système amènera forcément une meilleure exploitation de l'agriculture et, par l'aide du capital d'assurance placé sur le sol, on obtiendra une plus-value considérable, car au lieu d'amaigrir la terre, on la fumera pour en tirer de bonnes récoltes ; le sol qui donnait un produit d'environ 12 milliards, il y a cinquante ans, ne donne plus que 10 milliards actuellement et en continuant d'appauvrir le sol comme on le fait on produira moins encore ; par le régime économique que nous proposons, avant 20 ans le rendement de l'agriculture atteindra 18 à 20 milliards. Qu'on ne s'y trompe pas, notre richesse n'est que factice, nous avons appauvri le sol pour en tirer beaucoup d'argent, cela a été un mauvais moyen, qui peut nous perdre si nous n'y remédions pas avec énergie. Notre système d'assurance sera un des meilleurs moyens de donner la prospérité.

Certains esprits chagrins qualifient tous les projets ayant besoin de la tutelle de l'Etat pour obtenir l'obligation de socialisme d'Etat. Il semble que le socialisme d'Etat doit résulter d'une action gouvernementale ayant pour but de diminuer la liberté individuelle au profit de l'Etat ou du pouvoir. Nous constatons qu'il y a deux sortes d'obligations, la première qui est imposée par la loi au profit de la société et de l'Etat, la seconde qui s'impose à l'individu dans l'intérêt général. Ce sont ces deux espèces d'obligations que l'on confond trés-souvent.

La loi oblige l'individu solvable à payer des impôtsau service militaire et réglemente presque toutes les actions de la vie sociale. L'individu ne vit que d'obligations. Il est obligé de boire, manger, dormir et travailler s'il n'a pas de fortune; il n'a pas la liberté de nuire, les obligations naturelles ne le quittent pas et il doit respecter les obligations sociales, c'est-à-dire le socialisme d'Etat.

Il est utile de voir si une loi obligeant les individus à l'épargne pour assurer le pain de notre vieillesse, peut être qualifiée de socialisme d'Etat. L'institution ne devant profiter qu'à la société, et l'Etat, n'en tirant aucun profit, n'ayant qu'une tutelle gratuite à exercer, n'est-il pas absurde de qualifier l'action d'une telle institution de socialisme d'Etat ? Il reste l'obligation ! Est-ce que tout dans la vie n'est pas basé sur les obligations naturelles, morales et réglementaires. Une nation ne vit que d'obligations. La loi défend de voler, d'assassiner son semblable, de mendier son pain, de vivre en vagabond, et vous refuseriez une loi assurant à l'individu le pain que vous lui défendez de mendier ! Pour qu'un malheureux n'ait pas le droit de tendre la main, il faut qu'il existe une institution qui lui donne la possibilité de ne pas recourir à la mendicité. Et cette institution n'existe pas. Trouverez-vous injuste que la société vous assure contre la misère ? Etes-vous certains que vous conserverez votre fortune toute votre vie, et s'il vous arrivait des revers, ne seriez-vous pas heureux que la loi vous ait obligé de conserver le pain de votre vieillesse ? Vous assurez bien votre maison, vos animaux, avec l'obligation de payer une somme d'argent. La société a le droit de vous obliger de vous assurer, afin qu'au déclin de la vie, vous ne deveniez pas une charge pour elle. Or, ce genre d'obligation porte-t-il atteinte à votre liberté individuelle ? Certainement non, puisque la chose est faite à votre profit pour vous donner la liberté de l'existence de votre vieillesse. Vous répondez : Il ne me plaît pas de m'assurer ; je ne veux pas payer pour mon voisin. Soit, vous n'aurez pas besoin de l'assurance s'il ne vous arrive rien ; mais dans ce cas vous êtes un heureux, vous jouissez du privilège de la fortune, vous occupez une première place au théâtre social; les premières places doivent coûter un peu plus cher que les dernières. Si vous faites un léger sacrifice pour les malheureux, serez-vous bien à plaindre et d'ailleurs ferez-vous un sacrifice? Si vous donnez d'un côté, vous aurez moins à donner de l'autre. En assurant votre sécurité et en augmentant votre considération, vous n'aurez fait que votre devoir. Si nous demandons l'obligation, c'est parce que notre pauvre espèce humaine ne fera jamais rien de sérieux sans cela. Combien de nous paieraient les impôts ordinaires sans l'obligation ?

Un de nos contradicteurs a cru faire une plaisanterie en disant que par notre système d'épargne chaque petit Français pourrait avoir 20,000 fr. de rentes en naissant. Ce que ce monsieur regarde comme une absurdité, n'est cependant pas impossible avec le temps et de l'argent et si nous étions intelligents. Nous ferions payer notre dette par les étrangers par notre système d'épargne et de prêt. Et voici comment il est facile de placer en 45 ou 90 ans, 58 milliards sur le sol de la France. Il est clair que si on voulait dépasser cette somme, les placements deviendraient moins faciles. Eh bien, à ce moment-là et avant ce que je conseille, vous placerez votre capital d'épargne sur le sol étranger, et ce sont les étrangers qui vous feront des rentes. La place ne manque pas pour loger des capitaux. Avec le temps et l'argent, on peut acheter des empires en plaçant des capitaux sur le sol du monde. Vous n'aurez pas de faillite à redouter. Le sol ne change pas de place il ne change que de maître. Que faut-il pour cela ? Etablir des succursales de la banque nationale opérant à l'étranger comme elle le ferait chez nous, avec cette seule différence que les revenus seraient pour nous.

Il est probable que, si mon système était pratiqué en France, les nations les plus avisées s'empresseraient de nous imiter pour ne pas nous laisser acheter leur sol, mais il est facile de comprendre que ce sera la nation qui en usera la première, avec une avance d'un demi-siècle seulement, qui aura tous les avantages sur les autres car elle aura constitué son capital d'épargne et pourra opérer chez les autres ensuite et deviendra la plus puissante par la fortune. Ma crainte est qu'une nation étrangère ne s'empare de mon idée et ne l'applique avant nous.

Si j'ai franchi les limites que nous nous étions tracées, c'est pour démontrer que mon système d'assurance n'est pas une utopie, mais bien une chose possible et pratique et qu'il est facile de faire plus encore, il suffit de la bonne volonté pour triompher de l'égoïsme, ce qui n'est pas une petite besogne pour les chercheurs qui s'occupent du bien public. Le siècle de l'électricité devrait être un siècle de lumière. Le vieux monde croule. Il est temps de secouer l'encroûtement de la routine pour accepter franchement ce que la raison nous indique. Si on adoptait mon système il est bon d'examiner quelle influence notre capital d'épargne exercerait sur le capital des particuliers. Si le capital d'épargne se trouve logé sur les deux tiers du sol de la France, ce qui est possible, en 45 ou 90 ans, ce placement est une opération ordinaire. La banque nationale remplacera les particuliers qui au lieu de placer leur argent sur le sol, le placeront sur des immeubles, dans l'industrie, le commerce et l'agriculture. Nos capitalistes feront comme les Anglais dont le sol appartient à un petit nombre de particuliers. On ne place pas d'argent sur le sol anglais. Cela n'empêche pas les capitalistes de faire valoir leurs capitaux. Il en est de même des capitalistes des nations où la terre a peu de valeur. Nous ferions comme les autres. Notre argent serait utilisé comme nous le faisons actuellement et nous le répétons encore, le capital-espèces ne sera ni augmenté, ni diminué. Le taux de l'intérêt de l'argent ne peut subir d'influence. Ce qui peut faire diminuer la valeur de l'argent, c'est l'abondance des capitaux, et cette abondance ne peut provenir que du commerce des échanges entre nations. La nation qui exporte plus de marchandises qu'elle n'en importe, augmente son capital-espèces et la valeur de l'intérêt de l'argent diminue. Si le contraire a lieu, ce qui est notre situation actuelle, nous achetons plus de marchandises que nous n'en vendons, si cela se continue, notre capital diminuera et la valeur de l'intérêt de l'argent augmentera.

Mais qu'une nation opère chez elle tous les déplacements de capitaux qu'elle voudra, elle ne peut ni augmenter, ni diminuer son capital. Le capital-espèces change de mains, ne subit qu'un simple déplacement, mais ne change pas de nation.

Notre système économique n'a pas pour résultat l'épargne d'un capital qui sera immobilisé; c'est le contraire qui a lieu, car aussitot que l'argent arrivera à la caisse nationale, il sera remis en circulation en prêts aux propriétaires du sol sur tous les points du territoire.

Ce capital ne peut pas être détourné de sa destination. Aucun gouvernement ne peut s'en emparer ; personne ne peut y toucher, puisque le capital ne serait représenté que par le sol. Il est bon aussi d'examiner l'influence que mon système pourrait exercer sur nos institutions de crédit.

Un placement annuel de 200 millions en prêts fonciers sur le sol français n'aura aucune influence sur nos institutions de crédit pendant les vingt premières années. Ce n'est qu'après ce laps de temps qu'il deviendra plus difficile de placer des capitaux sur le sol, et que notre institution pourrait gêner le Crédit Foncier de France. Mais comme cette institution n'opère pas à perpétuité et que ces placements sont assurés, elle ne pourrait dans tous les cas que faire moins d'affaires sur le sol, mais il lui resterait les immeubles, les travaux des villes, les compagnies, et d'ailleurs le Crédit Foncier de France pourrait très-bien devenir notre institution nationale, au lieu d'opérer pour des intérêts particuliers. Mais nous sommes persuadés que le Crédit Foncier vivrait à côté de notre banque nationale. Nous faisons remarquer que le Crédit Foncier de France prête annuellement des sommes quatre ou cinq fois plus considérables que ne le ferait notre institution. Quant aux prêts hypothécaires se faisant par l'intermédiaire des notaires, notre institution n'en changerait pas la nature, puisque nos prêts ne se feraient que par actes notariés. Nous ne toucherions pas non plus les autres institutions de crédit. Quant au commerce et à l'industrie, ces deux branches de notre vitalité sociale, n'auraient qu'à y gagner par l'aide du capital cherchant des intérêts en dehors du sol.

Il est bon de dire aussi que les trois milliards nécessaires pour constituer la pension de retraite des vieillards chaque année, ne sera pas une somme à dépenser en plus que ce que nous dépensons annuellement; ce serait une grave erreur que de le croire. Ces trois milliards profiteraient à tout les individus. Car aujourd'hui nos vieillards indigents vivent et mangent, soit à la charité publique, soit à la charge des familles. En leur payant une pension de retraite, ils ne seront plus à la charge de personne, et ce que l'on dépense pour eux ne sera plus à dépenser. On sera dispensé de l'obligation de leur fournir des aliments. La différence est, qu'ils auront le moyen de vivre honorablement et mieux; mais ils ne consommeront pas beaucoup plus pour cela. La charge ne sera pas aussi lourde qu'on se l'imagine. L'institution ne fera qu'apporter un peu de bien à tout le monde, riches ou pauvres. En nous basant sur ce qui a été dit sur la valeur du sol de la France, si cette valeur atteint 260 milliards pour sa partie cultivable, à quelle somme pourrait-on estimer les immeubles qui le couvrent? Ce travail ne pourrait pas être basé par tête d'habitant. On ne peut que faire une appréciation, et, en portant ce chiffre à 50 milliards, on est au-dessous de la vérité. J'espère que ce simple exposé en dit assez pour faire comprendre qu'il serait facile de placer 58 milliards sur le sol de la France, pour constituer l'intérêt nécessaire aux pensions de retraite de nos vieillards, et je pense qu'on pourrait y placer 200 milliards pour obtenir avec les intérêts les impôts nécessaires à la nation; car, prélevez des impôts sous toutes les formes qu'il vous plaira d'imaginer, c'est toujours le sol qui nous fournit tout ce qui est utile et qui permet nos dépenses journalières. C'est la source où nous puisons tout. Il serait beaucoup plus simple de prélever les impôts sur le sol, que sur une multitude d'objets qui nécessitent une armée de fonctionnaires, dont les services ne produisent rien au pays. Les impôts prélevés sur le sol et les immeubles qui le couvrent ne nécessiteraient qu'une faible dépense pour leur recouvrement.

CONSIDÉRATIONS

sur la possibilité de prélever un impôt de cinq centimes par jour, sur chaque individn des deux sexes, à partir de l'age de 15 ans, dans chacune des classes du corps social.

OUVRIERS DE L'INDUSTRIE

Je commence par les salariés de l'industrie, parce que ce sont les classes les plus difficiles à organiser et les plus remuantes.

Une usine occupe cent ouvriers et salariés de toutes conditions. La main-d'œuvre sera augmentée de cinq francs pour 100 journées de travail. Ces cinq centimes seront retenus ou donnés à titre gracieux, et ne seront payés que sur journée de travail entière de dix heures, que les salariés soient payés à la journée, à l'heure ou à la tâche.

Dans chaque usine, il existe un livre contenant le temps fait par chaque salarié. Pour établir la paie, le payeur remet à chaque salarié un bulletin indiquant le nombre de journées ou d'heures de travail et la somme à toucher. Il suffira d'indiquer sur ce bulletin la somme retenue pour l'assurance. Le salarié conservera ce bulletin, pour contrôler le compte des journées qu'il a faites pendant l'année.

L'employeur fera tenir une feuille, indiquant les noms, prénoms des salariés qu'il occupe, et le nombre de journées faites par chacun d'eux pendant la quinzaine ou le mois, et le total des sommes à verser pour l'assurance. Cette feuille sera remise à la perception en même temps que le versement des fonds. A la fin de l'année, ce qui a été versé au nom de chaque salarié sera porté sur le livret d'assurance, et comme le duplicata du livret est tenu à la perception, chaque année le percepteur fait demander les livrets pour controler les comptes, après quoi les livrets sont remis aux ayant-droit.

Il ne peut y avoir de difficultés sur les versements ni la tenue des comptes, le coût ayant été réglé d'avance entre l'employeur et le salarié.

On objecte que c'est une charge pour l'industrie, de payer cinq centimes par personne et par jour. Nous répondons que l'assurance peut être retenue sur le salaire, et que si elle en fait le sacrifice, cela lui vaudra une plus-value et effacera l'antagonisme qui existe entre employeurs et salariés ; car ces derniers ne comprennent pas toujours les causes de leur situation.

OUVRIERS DE L'AGRICULTURE

Les agriculteurs occupent des domestiques

à gages, pour lesquels ils auront à verser 18 francs par année par chaque personne. Ils pourront retenir cette somme sur les gages, Le percepteur adressera une feuille spéciale. en même temps que les feuilles d'impôts ordinaires. Le cultivateur inscrira ses noms, ceux de sa famille et de ses domestiques, et il paiera ses impôts en même temps que l'assurance. Si la prime d'assurance est une charge pour un fermier qui a une nombreuse famille, il ne faut pas oublier que dans chaque famille de cultivateurs, il y a un ou deux vieillards qui recevront une somme bien plus importante que les versements faits par toute la famille, et que, d'autre part, les jeunes seront exonérés de fournir les aliments des vieux parents. Comme on le voit, l'institution sera un bienfait pour les agriculteurs et non une charge. Ils tiendront leurs livrets d'assurance, qui seront contrôlés comme ceux de l'industrie.

COMMERCE

Cette catégorie comprend : professions libérales, propriétaires, rentiers, gens d'arts et métiers, commerçants, marchands, débitants, enfin, toute la catégorie des personnes payant au moins la cote personnelle, ayant ou n'ayant pas de salariés à leur service. Toutes ces personnes ayant déjà des impôts à payer, recevront en même temps que la feuille d'impôt, la feuille d'assurance, pour eux, leur famille et leurs salariés, ils auront à payer l'assurance et tiendront eux-mêmes leur livret qu'il feront contrôler. chaque année. Nous disons pour ces personnes ce que nous avons dit pour les familles d'agriculteurs Si pour un certain nombre de personnes l'impôt est une charge; cette charge disparaît avec les avantages que procure l'assurance.

SALARIÉS ÉTRANGERS

Toutes les personnes occupant des salariés étrangers devront en faire la déclaration à la perception, et recevront une feuille spéciale pour établir les comptes. Les employeurs devront payer 25 centimes par journée de travail de chaque salarié étranger.. Ces versements feront l'objet d'un compte spécial. Chaque salarié sera porteur d'un livret d'assurance, mais n'aura pas droit à la retraite. Sur la retenue de 25 centimes, on pourrait laisser 15 centimes à la caisse d'assurance, et 10 centimes pour un fonds de secours aux salariés étrangers.

Ouvriers à la journée nomades. Ces gens vivant à l'aventure devrônt élire domicile, et payer eux-mêmes, s'ils veulent jouir des avantages de l'assurance. Tout individu, comprenant son intérêt, ne voudra pas être privé du livret d'assurance; car sans ce livret, la circulation sera presque impossible. Ceux qui n'auront pas de livret, seront des gens sans aveu pour lesquels il n'y a rien à faire. Ils ne verseront rien, mais ils n'auront rien à toucher. Le livret d'épargne sera la pièce justificative de la moralité d'un individu. Tous les bandits des grandes villes ne pourront plus se cacher. Je pense que ce livret aura une très-grande influence sur la moralisation des classes laborieuses.

La perception des primes d'assurances pourra être organisée de la manière suivante :

1° Une banque spéciale tiendra les comptes généraux de chaque département, les comptes des prêts du capital, les comptes des pensions de retraite.

2° Les perceptions départementales seront chargées des grands-livres, contenant les noms et numéros d'ordre, et le compte de chaque habitant des communes du département. Elles recevront les versements des percepteurs communaux ou cantonaux, avec des feuilles justificatives préparées au secrétariat de chaque mairie, et contenant le compte de chaque assuré de la commune.

Les comptes seront inscrits au grand-livre et les feuilles dressées dans les mairies, seront remises à la banque, comme pièces justificatives, en même temps que le versement des fonds.

3° Les perceptions communales ou cantonales seront chargées de tenir les livres contenant les noms, l'âge et le numéro d'ordre, ainsi que le compte de chaque habitant.

Les mairies délivreront deux livrets à chaque assuré. Ces livrets seront semblables. L'un restera en la possession de l'assuré, le deuxième sera remis au percepteur comme pièce justificative pouvant suivre l'assuré, de perception en perception, dans ses changements de résidence.

Chaque année, les sommes reçues pour le compte de chaque assuré seront portées sur les deux livrets par le percepteur.

Tous les trois mois, les maires feront adresser des feuilles à chaque imposé. Ces feuilles devront indiquer les noms des assurés et le total des sommes à verser à la perception. Les imposés devront remplir cette feuille, pour indiquer les sommes qu'ils ont à payer pour eux et leurs familles et pour les personnes qu'ils occupent, et, dans la quinzaine, l'imposé remettra cette feuille à la perception en opérant son versement.

Dans la première quinzaine de janvier, chaque assuré devra faire parvenir son livret à la perception, et, dans le délai d'un mois, le percepteur devra retourner les livrets aux intéressés. Sur la feuille de fin d'année, l'imposé mentionnera les totaux qu'il a versés à la perception, tant en son nom qu'en celui des personnes qu'il occupe.

Tous les imposés seront obligés au paiement de l'assurance, même par voie de contrainte, ainsi que cela se pratique pour les autres impôts.

Les autres assurés ne payant pas d'impôts, la cote personnelle exceptée, ne seront pas obligés par contrainte; ils ne dépendront que de leur intérêt.

Les assurés travaillant à la journée, les artisans et les autres personnes travaillant isolément, quoique n'étant pas imposés, auront le droit de payer leur prime d'assurance à la perception.

Les voyageurs paieront à la perception de leur domicile légal.

Les nomades auront le droit d'indiquer un domicile.

L'Etat paiera la prime pour tous les employés. Il compensera la retraite qu'il donne avec celle de l'assurance. Il en sera de même pour les grandes Compagnies et entreprises diverses.

CHANGEMENT DE DOMICILE OU DE RÉSIDENCE

Lorsqu'un assuré changera de résidence ou de département, il en préviendra le maire de sa commune et le percepteur, afin qu'il soit possible d'adresser le duplicata de son livret à la perception de sa nouvelle résidence, où un compte sera ouvert au nouvel arrivant.

Les assurés dont la prime aura été payée par des imposés auront le droit, dans le cas où le montant de la prime payée pour eux ne formerait pas la somme de 18 fr., d'ajouter le supplément pour compléter la prime. Ce droit cesserait, si le temps perdu avait pour cause une condamnation judiciaire.

DES PENSIONS DE RETRAITE

Dans l'année qui précédera la mise à la retraite, les assurés ayant atteint l'âge de 59 ans, désirant recevoir la pension de retraite, adresseront une demande au conseil municipal de leur commune qui statuera et approuvera s'il y a lieu. La retraite est de droit pour les personnes n'ayant pas 2,000 fr. de rente. Ces demandes seront visées par un conseil spécial et transmises à la banque.

Dans le courant de l'année, la banque adressera aux ayant-droit une obligation indiquant la somme allouée à chaque retraité.

La pension de retraite est basée sur le total des sommes versées chaque année. La prime étant de 18 fr., il faudrait un dépôt de :

810 fr.	pour	obtenir	en 45 ans	1,200 f.	de rente.
720	»	»	»	1,000	»
630	»	»	»	800	»
540	»	»	»	600	»
450	»	»	»	400	»
360	»	»	»	200	»

Les chiffres inférieurs à 1,200 fr. ne sont qu'approximatifs. Les coupons de rentes seront payés tous les trois mois.

DÉCÈS

Les notifications des décès seront transmises par les maires aux percepteurs, afin qu'ils puissent les indiquer sur les livrets contenant le compte-courant du décédé. Aussitôt après le décès d'un rentier, son obligation sera requise et oblitérée, puis renvoyée à la banque pour arrêter le compte.

DEVOIRS

des assurés imposés envers les assurés qui ne sont pas imposés.

Les imposés qui ont des salariés à leur service, doivent délivrer mensuellement à chacun d'eux une note des journées de travail, et, à la fin de l'année, le total de ce qui a été versé pour chaque intéressé pendant les douze mois. Les assurés qui voudront compléter leur prime, n'auront qu'à remettre la différence aux personnes qui ont l'habitude de payer pour eux.

Comme vous l'avez compris, mes chers concitoyens, ce premier projet est basé sur une demi obligation. Je vais vous en exposer un second sans obligation, mais je pense que comme moi, vous donnerez la préférence au premier qui donnerait entière satisfaction.

La misère d'une grande partie des classes laborieuses étant la cause principale des revendications sociales, on doit rechercher les moyens d'atténuer cet état de choses dans la mesure du possible; il faut trouver un remède au mal qui ronge les peuples depuis leur origine.

Atténuer les souffrances des malheureux en les moralisant, consolider la famille, intéresser l'individu à la chose publique afin qu'il devienne conservateur, raviver le patriotisme, ramener la solidarité entre les classes de la société, développer l'initiative privée par l'émulation et l'épargne, respecter la liberté individuelle, augmenter les forces vives du pays par le crédit et en faire profiter l'agriculture, l'industrie et le commerce, pousser à l'instruction primaire sans dépasser le but, ne faire intervenir l'Etat que comme tuteur des intérêts généraux, tel est le problème que j'ai cherché à résoudre, et j'espère pouvoir démontrer que la solution est possible, si l'on veut m'aider à mettre en pratique l'un des deux systèmes que j'indique.

Le bien public est de l'intérêt de tous; il faut le concours de tous pour arriver à un résultat efficace.

Pour atteindre le but, il faut fonder une grande institution basée sur la mutualité, c'est-à-dire une Compagnie d'assurances viagères, dont les primes seraient payées par un système d'épargne reposant sur l'obligation morale, afin de constituer des pensions de retraite à tous les travailleurs des deux sexes, et à tous les Français qui désireraient s'assurer le pain de la vieillesse.

Il est possible de constituer cette grande Compagnie par une réunion d'adhérents consentant à verser une somme de 2,000 fr. pour obtenir le titre de fondateur.

L'institution serait reconnue d'utilité publique; il y aurait un Conseil de surveillance nommé parmi les fondateurs, renouvelable tous les cinq ans.

Le siège principal de la Compagnie serait à Paris; il y aurait une succursale dans chaque département et des agences dans les principaux centres.

Tous les adhérents ayant versé une somme d'au moins 1,000 fr. comme prime d'assurance personnelle, seront membres de la Compagnie.

Tous les membres de la Compagnie de chaque chef-lieu de département auront le droit de voter pour la nomination du Conseil de surveillance de la succursale de leur département, et ce sera entre eux, dans chaque localité, qu'ils désigneront les membres du Conseil de surveillance de leur localité. Les Conseils de surveillance feront fonction de tribunaux pour juger les différends relatifs à l'impôt.

Les fonctions de Conseiller de surveillance seront gratuites et sans responsabilités pécuniaires.

Tous les membres de la Compagnie auront le droit d'avoir une plaque indiquant qu'ils font partie de la Compagnie.

La Compagnie ne fera que des assurances viagères à partir de l'âge de 55 ans pour la femme et de 60 ans pour l'homme.

Les primes d'assurances annuelles ne pourront être supérieures à 100 fr. ni inférieures à 5 fr., mais elles pourront varier sans limites entre ces deux chiffres.

L'assuré qui cesserait de verser ses primes d'épargne pendant deux années consécutives, serait déchu de ses droits.

L'assurance serait inaliénable, insaisissable

et intransmissible. Chaque assuré serait porteur d'un carnet d'assurance ; un duplicata du carnet contenant la photographie du titulaire restera entre les mains de la Compagnie comme pièce justificative devant suivre l'assuré dans ses changements de résidence. Après en avoir reçu l'avis, l'Agence de l'ancienne résidence de l'assuré transmettra le duplicata à l'Agence de la nouvelle residence afin d'opérer le transfert du compte d'assurance.

Dans le but de faciliter la perception des primes d'assurances ·

La Compagnie sera autorisée à émettre des timbres d'assurances de 5, 30 et 60 centimes et de 1 franc 20 centimes.

Le gouvernement autorisera la vente de ces timbres par l'intermédiaire des facteurs de la poste et des débitants de tabacs ; ils seraient également vendus par les agents de la Compagnie et les adhérents occupant des salariés, avec une remise de deux pour cent.

Toutes les personnes achetant des timbres d'assurances devront les oblitérer en y inscrivant ou en y faisant inscrire leurs noms, la date de l'année, le nom de la résidence.

Après l'oblitération le timbre ne pourra plus être mis en vente, ni changer de propriétaire ; la surcharge d'écriture serait une cause d'annulation.

Tous les adhérents à la Compagnie occupant des salariés s'obligeront à remettre à chacun de ceux qu'ils occupent un timbre d'assurance d'au moins 5 centimes par journée de travail ; cette remise aurait lieu au moment du payement des salaires ; l'oblitération serait faite avant la remise, afin que les timbres ne puissent être changés de destination. Il est bien entendu que la valeur de ces timbres pourra être retenue sur les salaires ou donnés comme prime d'encouragement.

Les porteurs de carnets d'assurance, possesseurs de timbres, se présenteront au moins une fois par année à l'agence de la Compagnie de leur localité, pour y déposer leurs timbres et en faire inscrire le montant sur le carnet ainsi que sur le duplicata. Après ces formalités le carnet sera remis à l'assuré, l'intérêt de la somme déposée ne comptera qu'à partir du jour du versement.

Toutes les sommes d'argent reçues pour la Compagnie seront concentrées à la Caisse centrale ; ces sommes seront prêtées à intérêts aux particuliers, aux départements, aux villes, aux communes et à l'Etat, sur hypothèques.

Ces prêts ne seront consentis que sur l'avis des Conseils de surveillance des localités où ils auront lieu.

Un 10e de la recette sera réservé comme capital d'épargne, que l'on cumulera avec les intérêts, pendant le temps nécessaire pour arriver à former un capital d'épargne de 25 à 30 milliards. Avec les intérêts de ce capital, on augmenterait les pensions de retraites ou on créerait des institutions pour venir en aide à la femme.

Sur les 9/10es restant on prélèverait les frais généraux de la Compagnie et, la somme en caisse servirait à payer les pensions de retraites qui seraient calculées, comme le font ordinairement les Compagnies d'assurances sur la vie, selon les quantités de primes versées et l'importance de ces primes.

Un assuré qui, dès l'âge de 15 ans, aurait payé 5 francs de primes par année jusqu'à l'âge de 60 ans, aurait une pension de retraite de . . . . 100 fr.

En payant 10 fr. par année la pension serait de 200

En payant 15 fr. par année, la pension serait de 300

En payant 20 fr. par année, la pension serait de 400

En payant 25 fr. par année, la pension serait de 500

En payant 50 fr. par année, la pension serait de 1,000

En payant 100 fr. la pension serait de 2,000

Le montant des primes étant variable à la volonté des assurés, les intérêts de chaque prime seront calculés d'après le nombre d'années que la Compagnie aura à les faire valoir. Les pensions de retraites seraient payées tous les trois mois. La Compagnie ne prélevant aucun bénéfice, il est permis de supposer que la somme en provenant serait suffisante pour payer les frais généraux, car la base de mes calculs est à peu près la même que celle des Compagnies d'assurances, et ces Compagnies prélèvent leurs frais généraux et leurs bénéfices sur les bases que je pose.

Le système de Caisse d'épargne-assurance serait une institution libre, ne reposant que sur l'obligation morale, qui ne donnerait comme produit que le résultat ordinaire des Compagnies d'assurances sur la vie avec cette différence que les bénéfices de l'institution profiteraient aux assurés.

Le même système reposant sur l'obligation, produirait un revenu beaucoup plus considérable, en calculant l'intérêt de l'argent à un taux égal. Avec une prime annuelle de 20 fr. pendant 45 ans, on obtiendrait des pensions de retraites de 1,200 fr., et, sans obligation, les pensions de retraites ne dépasseraient pas 4 à 500 fr.

La différence de produit des deux systèmes s'explique, parce que, dans les deux cas, le nombre des individus à pensionner est à peu près le même, et que la somme de ressources est bien différente.

A l'aide de l'obligation, l'institution aurait à percevoir et à faire valoir environ 25 millions de primes annuelles; sans obligation, elle n'en aurait que 10 à 11 millions. Dans le premier cas, un tiers des assurés payeraient sans recevoir de pension de retraite, et, dans le second cas, tous les assurés recevraient.

Avec l'obligation, on obtiendrait des résultats immenses pour la nation, au point de vue moral, matériel et politique.

Sans obligation, on fera encore beaucoup de bien, en assurant le pain de la vieillesse des travailleurs, mais on ne ramènera pas la solidarité entre les classes de la société, ni la sécurité politique.

C'est pourquoi j'espère que les hommes sages, comprenant l'intérêt du bien public, conseilleront, comme moi, d'avoir recours à l'obligation pour instituer l'œuvre que je propose.

INDUSTRIE

M. Machinot. — L'industrie de Landerneau, mes chers concitoyens, est dans un état déplorable; cela tient à des causes multiples qu'il est bon d'examiner. La production a dépassé la consommation. Plusieurs nations qui achetaient nos marchandises, en fabriquent de similaires, et en importent sur notre marché. Nos concurrents étrangers s'y prennent de la manière suivante : Pour établir à meilleur marché que nous, ils nous vendent au prix de revient tout ce qu'ils peuvent placer sur notre marché, et vendent chez eux, dans leurs débouchés, à des prix rémunérateurs. Ce qu'ils nous vendent, ne sert donc qu'à payer leurs frais généraux, qui sont d'autant moins élevés qu'ils produisent en plus grande quantité, et pour que nous ne puissions pas les imiter sur leurs marchés, ils ont dressé toutes sortes d'entraves à nos voyageurs pour nous empêcher de faire des affaires dans leur pays, tandis que chez nous, ils font ce qu'ils veulent sans le moindre inconvénient. Ils comprennent très-bien que si nous agissions comme eux en vendant à prix coûtant sur leur marché, leur truc ne servirait à rien, et que nous n'aurions rien à redouter de leur concurrence. Nos adversaires ont l'intelligence de fermer leurs portes à notre commerce et nous, nous avons la bêtise de laisser les nôtres grandes ouvertes. Nous sommes si généreux. Nous livrons notre marché, et, au lieu de prendre des mesures énergiques pour nous le conserver, nous gémissons sur le sort de nos ouvriers sans travail et l'agonie de notre industrie, en attendant des temps meilleurs. Nous étions habitués à recevoir les commandes sans les chercher. Maintenant qu'il faut courir après, cela nous semble dur. Nous n'avons cependant qu'une chose à faire, c'est d'imiter nos concurrents étrangers; non pas seulement avec de la camelotte, mais surtout avec de la bonne marchandise. Groupons nos efforts dans chaque centre industriel, par industrie. Organisons une Chambre de commerce spéciale à chaque industrie. Ainsi, il y aurait une Chambre de commerce des fabricants de draps; une Chambre de commerce des fabricants de chaussures; et de même pour les autres industries; les membres en seraient élus par les fabricants de draps et les fabricants de chaussures. Chaque fabricant électeur payerait une cotisation pour subventionner les dites Chambres, lesquelles seraient chargées de toutes les informations intéressant les fabricants, qui recevraient un bulletin mensuel leur donnant toutes les informations commerciales pouvant les intéresser. Ces Chambres rendraient plus de services que les syndicats. Elles pourraient être constituées par centre ou par plusieurs centres fabricants de produits similaires.

Nous assistons à une transformation économique industrielle qui nous sera fatale si nous ne conservons pas notre marché. Avec notre marché et celui de nos colonies nous n'avons rien à redouter, surtout si nous faisons renaître la prospérité de notre agriculture. Des économistes ont préconisé la vie à bon marché par le libre échange des produits manufacturés; ils ont commis une grande erreur. La vie à bon marché ne peut venir que de l'abondance des produits de l'agriculture. Le grand nombre de consommateurs achète un ou deux pantalons par année, et mange tous les jours. Que lui importe de payer un pantalon 25 ou 50 centimes plus cher s'il gagne sa vie, et que peut lui faire l'offre d'un pantalon à 25 ou 50 centimes au-dessous de sa valeur, s'il n'a pas d'argent pour l'acheter. Le principe économique qui a été préconisé depuis 1860, a été excellent pour les Anglais, parce que l'Angleterre est une nation essentiellement industrielle, produisant 85 p. 0/0 de plus qu'elle ne consomme, et le jour qui est très-prochain, où les autres nations lui fermeront leur portes, la puissance anglaise aura existé. L'Amérique pourra bien avoir le même sort. Notre belle France qui est agricole et industrielle n'a pas les mêmes inconvénients à redouter. Notre prospérité dépend de nous-même. Faisons produire à notre agriculture ce qu'elle doit donner, et notre prospérité industrielle ne tardera pas à reprendre son éclat; car l'agriculture est un gros consommateur qui ne dépense que lorsqu'il gagne. Il en est de même de l'industrie qui n'achète que si elle travaille.

En examinant les causes qui ont aidé au grand développement industriel chez les nations, on reconnaît que ce sont les expositions universelles qui ont été de grandes écoles pour ceux dont l'industrie était peu avancée. Cela a été une grande faute commise par les Anglais qui espéraient devenir les fournisseurs du monde, en monopolisant certaines industries par un outillage formidable. Ils ont commis une erreur qui leur sera fatale le jour où les autres nations fermeront leurs portes. C'est le seul moyen d'éviter la ruine complète. Car il est bien évident que les excédents de fabrication seront vendus à perte sur les marchés des nations ou de la nation qui voudra bien les admettre, et que, pendant que ladite nation consommera les produits étrangers, son industrie en subira les conséquences, c'est-à-dire la ruine. Que deviendra la classe ouvrière? Il faut qu'elle trouve sa nourriture. Il y aura un danger social pour la nation qui laissera entrer les produits étrangers sur son marché

Il est un moyen de conserver notre industrie et de lui donner l'essor qu'elle devrait avoir qui consiste à la dégréver d'impôts et de n'imposer que les produits manufacturés, c'est-à-dire faire payer les impôts par les vendeurs d'objets manufacturés de toutes provenances, et de n'exempter que les produits vendus à l'exportation.

Les produits étrangers payeraient la part d'impôts qu'ils doivent légitimement et nous n'aurions à redouter ni les traités de commerce ni la concurrence étrangère puisque nous pourrions lutter à armes égales, il ne faut pas croire que les commerçants auraient un centime à perdre à ce régime, que l'on élève le prix des alcools, le marchand n'en fera pas moins de bénéfice, ce système ferait rentrer 2 à 300 millions au Trésor qui n'aurait rien à débourser pour la perception; les objets seraient taxés à leur valeur commerciale au moyen de timbres proportionnels composés de deux parties. La première servirait au marchand qui la collerait sur un livre spécial, la seconde serait collée sur l'objet vendu, les deux parties du timbre seraient oblitérées par le marchand par une date, un numéro d'ordre et la signature.

En cas de fraude, vendeurs et acheteurs seraient civilement responsables et payeraient solidairement cent fois la valeur de l'objet saisi, en récidive mille fois. Tout individu aidé de deux témoins qui dénoncerait la fraude aurait droit à 25 pour cent du produit de l'amende, par ce mode de perception les frais ne coûteraient que l'impression des timbres, presque tous nos impôts pourraient être perçus de la même manière. Pour ne pas sortir du cadre que nous nous sommes tracés je continue par des considérations sur le travail.

Il y a 50 à 60 ans, l'industrie française produisait dans de bien meilleures conditions qu'aujourd'hui. La vie était à bon marché, ce qui permettait la main-d'œuvre peu élevée. L'esprit économique de la classe ouvrière était bien différent. Il s'exerçait surtout sur le côté artistique et la perfection du travail. C'était à qui ferait mieux. Actuellement, c'est la politique qui domine tout. La grande majorité des ouvriers sont des politiciens et chacun se croit un législateur. Le travail n'est plus que le moyen de vivre. L'art de bien faire est une question secondaire. Travailler le moins de temps possible et gagner le plus gros salaire ; car la politique prend du temps et occasionne des dépenses. Il faut fréquenter les réunions publiques pour prendre langue et essayer ses moyens. On a bien vu un gargoi er des plus ordinaires devenir député. Pourquoi n'arriverait-on pas comme lui ? Car on peut prétendre à tout avec le suffrage universel ! Que faut-il pour arriver ? Crier très-fort et émettre les théories les plus excentriques contre l'infâme capital et l'exploiteur des prolétaires. Le temps qu'il faut employer à chercher ces théories et à apprendre des phrases ronflantes ne permet plus de travailler librement et artistiquement. Il est difficile de chasser 36 lièvres en même temps. La politique sera une des grandes causes de la misère des ouvriers et de la décadence du goût français, dont les étrangers s'emparent pendant que nos ouvriers font de la politique. Il faut bien espérer que les travailleurs finiront par comprendre que les individus qui les convient aux réunions publiques sont de vulgaires ambitieux ou des agents payés par l'étranger pour perdre notre industrie. Cette lutte des ouvriers d'arts et métiers, pour l'élévation des salaires, a eu pour conséquence la transformation de la petite. industrie en grande entreprise. Il y a 50 ans, les cent ouvriers occupés dans une usine de teinture, avaient dû passer par l'apprentissage et étaient teinturiers. Actuellement, une semblable usine fonctionne avec 8 ou 10 aptitudes, c'est-à-dire des contre-maîtres teinturiers, les autres sont des manœuvres. Beaucoup d'industries se sont organisées de la même manière, soit sous une direction particulière, soit en association. Des efforts considérables ont été faits pour remplacer la main-d'œuvre par les machines. Même les industries des ouvriers d'arts et métiers tendent à se transformer en grande industrie, pour échapper à leurs exigences. A notre époque, les ouvriers de la grande industrie représentent au moins 80 p. 0/0 des classes ouvrières; 20 p. 0/0 représentent donc les ouvriers d'arts et métiers. Le bâtiment et la mécanique formant la majorité, ce sont ceux-ci qui absorbent les salaires les plus élevés; ils ne se doutent pas qu'ils sont la cause principale de la misère des autres, par ce fait, que leurs exigences continuelles font augmenter toute chose nécessaire à la vie; les ouvriers manœuvres gagnant de 30 à 40 p. 0/0 de moins qu'eux n'en sont pas moins obligés de payer très-cher les objets que les autres ont fait augmenter; et, ce qu'il y a de singulier, c'est que ce sont les ouvriers d'arts et métiers gagnant les salaires les plus élevés qui fournissent la clientèle des réunions publiques, prêchant toutes les turpitudes des cerveaux mal équilibrés contre l'infâme capital ; ces individus représentant à peine 2 à 3 p. 0/0 des classes ouvrières, causent la misère des autres et la ruine de notre industrie. Il ne faut cependant pas confondre ces déclassés avec les véritables ouvriers ne cherchant qu'à gagner leur vie honorablement. Beaucoup d'entre eux se figurent que plus les salaires sont élevés, plus leur bien-être est augmenté. Cela peut être vrai pendant quelques mois, mais c'est le contraire qui a lieu ensuite ; car, en faisant augmenter les objets manufacturés, il les paient plus cher eux-mêmes. La concurrence devient impossible et les chômages sont plus fréquents. Le salaire annuel se trouve moins élevé. Les sociétés de résistance, les grèves, ne font qu'augmenter la misère des ouvriers, par ce fait que c'est du prix de tout ce qui est nécessaire à l'existence que dépend le bien-être individuel et que tout ce qui est nécessaire à l'existence est coté selon le prix de la main-d'œuvre employée à le produire. Si la main-d'œuvre est à bas prix, la vie est à bon marché. Si, au contraire, la main-d'œuvre est chère, la vie est chère. Ce qu'il faudrait aux travailleurs ce ne sont pas des salaires élevés, c'est la vie à bon marché et le meilleur moyen de l'obtenir est une production agricole abondante et des logements à bas prix. Cette question des logements est aussi difficile à résoudre, à cause du prix élevé des ouvriers du bâtiment.

On espère que l'instruction modifiera profondément la question ouvrière, en ce qu'ils comprendront mieux le régime économique qui régit leur existence ; je ne le pense pas, car l'instruction élèvera certainement le niveau intellectuel de la nation, mais il produira 10 aptitudes pour un emploi à occuper ; il restera donc 9 déclassés mécontents qui feront de l'opposition à n'importe quoi. C'est dans nos campagnes que l'instruction donnera les meilleurs fruits ; il y a lieu d'espérer que l'enseignement professionnel sera mieux compris et plus étendu qu'il ne l'est actuellement dans nos écoles professionnelles ou avec l'instruction primaire. On enseigne principalement l'art de tourner le bois ou le fer. On prépare surtout les jeunes gens à devenir menuisiers ou mécaniciens. La chimie est une question secondaire et les grandes industries y sont très-négligées, quand ce devrait être surtout celles dont on devrait s'occuper le plus. La chimie et la teinture devraient tenir la première place dans nos écoles professionnelles. Les étrangers l'ont bien compris, car ils ont organisé de nombreuses écoles où les industries chimiques et la teinture sont enseignées avec soin et où se forment une pépinière de gens capables de faire d'excellents contremaitres commençant à travailler avec les données de la science, lorsque nous en sommes encore restés à la routine. Espérons que nous ne tarderons pas à faire de même, si nous voulons conserver notre industrie des étoffes, étant données les nouvelles conditions économiques des nations qui ont développé leur matériel industriel ponr une grande production, espérant faire de grosses affaires en exportation. Chacune comptant placer sa marchandise chez ses voisines, il en est résulté une production dépassant de beaucoup les besoins de la consommation et l'avilissement des prix de la marchandise. Il en résulte un arrêt de la production et un malaise général qui ne pourront prendre fin que lorque la production sera ramenée à son état normal par un monceau de ruines. La France serait la moins éprouvée, si elle pouvait réserver son marché en ce qui concerne les objets manufacturés.

Le *citoyen Potinard* dit :

La crise agricole industrielle augmentera les chômages, la misère et les crimes. Une multitude d'individus préféreront le vol aux privations. Comment en serait-il autrement ? Nos philanthropes s'occupent avec bienveillance d'améliorer le sort des voleurs et des assassins. On construit des prisons modèles pour le confortable. Messieurs les voleurs sont bien logés, bien nourris, bien vêtus, bien chaussés. On soigne leur santé et ils gagnent de l'argent; ils ne sont privés que de leur liberté. Mais du train où vont les choses, ils ont tout à espérer. En un mot, ce sont de petits rentiers. Ils sont si bien traités, qu'ils ne peuvent plus vivre de la vie des honnêtes gens pauvres qui deviennent de plus en plus malheureux ; en continuant ce système humanitaire, il est certain que le nombre des voleurs ne fera qu'augmenter. Dans peu d'années, on devra doubler les impôts pour les nourrir. La vie des prisons est devenue si agréable que, dès qu'un voleur a terminé sa peine, il s'empresse de voler à nouveau pour y retourner. Ce fait que l'on peut constater chaque jour en dit assez pour faire comprendre où nous allons. Plus vous améliorez la vie des prisons, plus vous augmenterez le nombre des malfaiteurs et ferez de mal à la nation. Plus vous serez sévère pour les prisonniers, moins vous aurez de récidivistes. Continuez le régime actuel dans les prisons si vous voulez en faire construire un grand nombre, sinon soyez rigoureux en ne donnant qu'une nourriture nécessaire mais peu attrayante et un travail pour que chaque prisonnier gagne ce qu'il mange. Alors vos prisons seront trop grandes, et une grande partie des récidivistes disparaîtront en peu de temps. C'est le sort des travailleurs honnêtes qu'il faut améliorer et non celui des malfaiteurs.

Le citoyen Chicano. — Permettez-moi quelques observations. Pensez-vous que l'homme vienne au monde avec ses vices ou ses vertus? Il naît laid ou beau, bossu ou droit, petit ou grand, intelligent ou bête, avec de grandes aptitudes ou de petites. Est-ce que l'être venu ainsi y est personnellement pour quelque chose? Si l'individu ne contribue en rien à ce qu'il sera un jour, parce qu'il est né parfait ou imparfait, comment le jugerons-nous? Si un homme naît doué comme Victor Hugo, Thiers ou Meissonnier, devons-nous le porter en triomphe pour honorer sa personnalité? Qui a constitué l'individu? Est-ce la divinité, la providence ou le hasard? Ce ne peut-être ni la divinité, ni la providence ; car les hommes bien doués auraient seuls le droit d'être reconnaissants, les déshérités maudiraient ces deux mystères. Dieu ne saurait être injuste. Il est donc permis de penser que notre constitution individuelle est due au hasard, et que les hommes qui naissent avec des aptitudes exceptionnelles sont des exceptions. Or, que devons-nous honorer ou maudire? Ce n'est pas l'individu qui est étranger à sa constitution; ses auteurs immédiats n'en sont pas non plus responsables, puisqu'ils ignorent absolument la destinée de leur progéniture. Ce n'est donc que le hasard que nous devons glorifier ou maudire. On peut donc dire qu'il n'existe pas d'hommes de race, mais simplement des races d'hommes. En supposant que l'intelligence distribuée à notre espèce soit répartie de 0 à 100, c'est-à-dire du crétinisme à la perfection, et que chaque degré soit encore divisé en 10 ou 100 parties, cela explique pourquoi notre pauvre espèce humaine est si divisée.

Les natures privilégiées du hasard ont donc un impérieux devoir à exercer. Elles sont les guides naturels des déshérités. Elles doivent penser pour ceux qui ne pensent pas, prévoir pour les imprévoyants. Que signifierait donc le mot Fraternité, s'il n'en était pas ainsi. Si la force ne doit jamais primer le droit, l'intelligence devrait toujours primer la bêtise. Je cite ces quelques données philosophiques qui sont en dehors des questions qui nous occupent, pour arriver à démontrer que les mesures à prendre pour améliorer la situation des déshérités, mesures qui semblent inutiles à ceux qui n'en ont pas besoin, sont indispensables pour les autres, et que les institutions de prévoyance que l'on a organisées et basées sur la liberté individuelle, ne s'adressent qu'à une catégorie tres-minime d'individus possédant un degré déterminé d'intelligence. Pour les autres, il faut en arriver à l'obligation. Mais alors il faut l'obligation pour tous, comme il y a des gendarmes pour tous, quoique bien des gens n'en aient pas besoin. Est-il nécessaire de dire que l'égalité naturelle n'existe pas, et que les grands principes de liberté, d'égalité pour tous, sont aussi vrais que si l'on disait un habit pour tous? La liberté ne peut être que relative. Les honnètes gens sont toujours libres, mais les autres ne le sont jamais. Ne voit-on pas des gens acclamer l'anarchie, la révolution, l'incendie, l'assassinat et le vol. Ceux qui demandent à partager le bien des autres sont des modérés, car il en est beaucoup qui entendent prendre sans partager, et il est de ces gens-là qui sont électeurs. Comment voulez-vous qu'avec une telle macédoine d'idées, d'intelligences graduées jusqu'au crétinisme, de passions de toutes espèces, l'on obtienne un résultat électoral répondant au sentiment du pays ?

M. le Président. — Il a été convenu que notre club ne s'occuperait pas de politique.

Citoyen Chicano. — Je n'irai pas plus loin,

M. le Président, quoique j'ai bien des choses à dire.

M. le Président — Vous devez comprendre qu'une loi électorale comme toutes les autres lois ne peut être édictée à la taille, ni au degré d'intelligence des individus, et qu'il est impossible de faire autrement que de la baser sur l'égalité, la liberté et la justice pour tous.

NOTE SUR LES BREVETS D'INVENTION

La parole est au *citoyen Potinard.*

Messieurs,

La question des brevets d'invention intéresse notre industrie, c'est notre nation qui fournit le plus grand nombre d'inventions. Les progrès brevetables sont ce qui constitue le génie industriel de la France. Il est bon d'examiner comment nous conservons le résultat de nos recherches.

Les brevets d'inventions sont centralisés au ministère du Commerce dans un bureau spécial à la disposition du public. Le premier venu, français ou étranger, peut prendre connaissance de tout ce qui se produit de nouveau, au fur et à mesure que les brevets sont déposés. Cet incroyable abandon du fruit de nos recherches est laissé à nos concurrents étrangers et aux chevaliers d'industrie qui, sans bourse délier, étudient à loisir les inventions, pour en tirer profit au préjudice des chercheurs. On ne peut être plus imprudent, ni plus désintéressé de l'avenir du pays. On comprendrait qu'un résumé très-succinct des brevets, fût mis à la portée des gens qui veulent se renseigner sur les objets brevetés. Mais faire voir les dessins et les descriptions originales, cela passe les bornes de la duplicité. Il semble que l'institution est créée pour nuire aux inventeurs. On comprendrait qu'il fût permis à un français établi de demander la copie d'un brevet, pour cause de poursuites en contrefaçon, mais pour cette cause seulement. Il semble qu'il serait préférable de protéger l'inventeur contre les entreprises des contrefacteurs et c'est le contraire qui a lieu.

Cette organisation pour vulgariser nos brevets cause souvent la ruine des chercheurs, en faisant naître des procès en contrefaçon. Car, en matière de brevet, sur 200,000 brevets dits d'inventions pris en France, on y trouve rarement une invention pure. Ce qu'on y rencontre souvent, ce sont des résultats industriels que la loi permet de faire breveter sous la qualification d'invention. Il est des résultats industriels considérables qui ne résultent que d'un moyen ou d'une réunion de moyens connus. Un simple agencement produit un résultat industriel qui apporte à la société des millions d'économie. Comment faire comprendre cela aux tribunaux, peu au courant des questions techniques industrielles. Les magistrats ne comprennent qu'une chose, c'est la loi. On leur soumet un brevet d'invention ; pour valider ce brevet, ils y cherchent une invention pure, et comme il n'en existe presque pas, il est très-facile de leur démontrer des antériorités se rapprochant de l'invention, neuf fois sur dix l'inventeur est sacrifié au profit du contrefacteur. Il suffit pour cela d'un avocat habile et peu délicat. Les erreurs judiciaires sont si fréquentes dans les procès en contrefaçon, qu'il y a urgence d'opérer une réforme. Pour les éviter, dans l'intérêt des inventeurs comme dans celui de la magistrature, en ne laissant aux tribunaux que la mission de statuer sur les questions de droit, en matière de brevet d'invention, l'Etat peut, sans garantir les brevets, les soumettre à un examen.

Je propose que l'Etat ordonne la création d'un conseil d'expertise au ministère du commerce.

Ce conseil sera divisé en trois sections :

La première section aura pour mission de faire l'étude des brevets avec un rapport motivé à l'affaire.

La deuxième section fera l'examen du travail, et donnera son avis sur le rapport.

La troisième section approuvera le rapport.

Chacune de ces sections sera divisée en trois comités. — Chimie. — Mécanique. — Objets divers.

Les frais d'expertises seront tarifés selon l'importance des rôles à examiner.

Ces frais, payés d'avance par les intéressés conjointement et solidairement, seront destinés aux émoluments des experts.

Les experts seront nommés par le Ministre du commerce.

Toutes les fois qu'une poursuite en contrefaçon sera soumise à un tribunal, si l'une des parties demande que l'invention soit soumise au conseil d'expertise, le tribunal n'aura pas le droit de s'y refuser ; dans ce cas, les parties intéressées produiront leurs dires par des notes justificatives imprimées qui, après communication et délai, seront déposées. Le tribunal adressera les pièces au conseil d'expertise qui aura pour mission de dire si l'invention est brevetable, et en quoi consiste le résultat industriel ; après quoi le rapport sera retourné au tribunal, qui n'aura plus qu'à sanctionner la validité et décider des dépens et dommages-intérêts.

On comprend l'importance qu'une telle institution aurait pour les inventeurs et l'industrie. La magistrature ne ferait qu'y gagner en considération, et on ferait disparaître des abus dignes du moyen-âge, et indignes d'une nation civilisée.

Cette création ne coûterait à l'Etat que le local et le mobilier utiles ; d'ailleurs, les brevets d'inventions rapportent assez à l'Etat pour que celui-ci aide au développement du progrès en modifiant les lois qui les régissent.

Je propose, en outre, que le texte des brevets ne soit plus tenu à la disposition du public, qu'un sommaire de chaque invention soit publié simplement dans un journal spécial, désigné à cet effet ; qu'il ne soit délivré de copies textuelles des brevets et des dessins, qu'aux industriels français établis en France, et que le prix des copies soit élevé à 50 fr. par brevet, au profit du Trésor.

COMMERCE

Notre commerce se ressent naturellement de la crise agricole et industrielle. Qu'est-ce que le commerçant ? C'est l'intermédiaire entre le producteur et le consommateur. Mais il y a plusieurs classes de commerçants : la première est très utile ; la seconde exploite l'industrie ; la troisième la ruine par tous les moyens possibles pour en vivre, et n'a pas la moindre utilité, n'opérant que pour tirer un bénéfice, sans travailler à la production. Ces commerçants-là n'ont pas de patrie. Ce sont les intermédiaires des étrangers. Quand donc nos législateurs comprendront-ils que ce sont ceux-là qui devraient payer la plus grosse part d'impôts ? Ces commerçants font venir des produits étrangers pour faire concurrence aux notres. Or, nos produits sont grevés d'impôts directs ou indirects de toutes sortes, et les produits étrangers entrent chez nous exemptés des mêmes impôts car ce qu'ils paient à l'entrée est insuffisant. Cela est injuste. Vous ne pouvez pas atteindre ces produits à l'entrée, à cause des traités qui ont été consentis. Mais si vous ne pouvez pas les imposer directement, vous pouvez les imposer indirectement en faisant payer ceux qui les vendent. Vous pouvez également exiger des négociants et détaillants qui vendent des produits étrangers de ne pas les mettre en vente sans certificats d'origine. Comment ? j'entre chez un marchand d'habits et je demande un paletot. On m'en offre, en me disant : c'est de l'Elbeuf ou du Sedan, mais c'est de l'Allemand qu'on me livre. Il y a tromperie sur la qualité de la marchandise, délit prévu par la loi, et on nous laisse tondre sans prendre aucune mesure préservatrice, quand les étrangers font tout leur possible pour entraver nos affaires chez eux.

Alors que l'industrie et l'agriculture sont écrasées d'impôts, les commerçants en chambre n'en paient presque pas. Pourtant un industriel fait vivre plusieurs centaines d'individus, et un commerçant faisant un chiffre d'affaires trois ou quatre fois plus élevé n'en faisait vivre que deux ou trois personnes et ne paie que des impôts insignifiants ! Est-ce bien de l'équité ? N'est-ce pas un véritable moyen de protection des produits étrangers ? Nos produits français sont grevés de plus de 20 pour 0/0 par les impôts de toute nature payés par les personnes qui les produisent. Or, les produits étrangers sont à peine grevés de 2 ou 3 pour 0/0 chez eux, ils peuvent être vendus sur nos marchés à plus bas prix ; cela n'a rien d'étonnant. Comment éviter notre ruine industrielle avec un tel système ? Nos concurrents étrangers vendent leurs produits directement et n'ont pas à subir les exigences des parasites commerciaux. C'est la plaie dont l'industrie devra se débarasser. Si elle veut vivre, elle devra imiter les moyens employés par les étrangers pour nous détruire, c'est-à-dire supprimer la majeure partie des intermédiaires qui la rongent et se syndiquer pour faire vendre ses produits directement aux détaillants, le seul intermédiaire indispensable entre le producteur et le consommateur.

M. le Président. — Mes chers concitoyens,

Vous venez d'entendre le résumé des diverses questions que nous avons étudiées. Il en est bien d'autres dont nous ne parlons pas parce que leurs études nous auraient entraînés trop loin. Celles que nous venons de soumettre à votre attention sont assez importantes, et méritent d'etre méditées avec soin. Nous venons donc solliciter vos réflexions, je déclare la séance ouverte et publique. Nous consignerons vos observations, si vous avez à nous en adresser.

Des bravos et applaudissements se font entendre. Un groupe d'ouvriers crie : Vive l'anarchie ! Vive la révolution sociale ! Vive la Commune ! D'autres répondent : Vive la République ! Vive la France ! Le Président agite sa sonnette et le calme se rétablit.

Citoyens ! dit *le Président.*

Nous sommes ici pour étudier des questions qui intéressent le pays, et non pour faire du bruit. Je vous engage à être calmes, c'est le seul moyen de nous indiquer vos réflexions. Que chacun de vous les expose. Nous y répondrons !

Je demande la parole, dit le *citoyen Brouillon.*

M. le Président. — Parlez.

Le citoyen Brouillon. — Je demande l'anarchie. Votre République bourgeoise n'est pas mon gouvernement ; il ne me donne pas plus que les autres. Je n'ai pas besoin de gouvernement, ni d'autorités, je veux la liberté de faire ce qui me plaira. Le jour où je n'aurai pas de pain, je veux en prendre où il y en a. Je ne veux pas être aux ordres des exploiteurs ni des mouchards. L'homme est sur la terre pour prendre ce dont il a besoin où il le trouve, et non pas pour travailler comme un esclave. Je veux vivre à mon tour, boire de bon vin, manger de bonne viande et coucher dans un bon lit, comme les bourgeois. Je n'ai pas besoin des institutions que vous venez de nous dépeindre. Un gouvernement, ce sont des lois, des gendarmes, des prisons et de l'argent à donner pour tout cela. Je n'en ai que faire. J'ai bon poing et bon bec et je saurai bien trouver mon existence. Vive l'anarchie !

M. le Président — Citoyen Brouillon, nous venons d'entendre vos revendications, qui sont tout-à-fait en dehors du cadre que nous nous sommes tracé. Je vais cependant y répondre.

Si j'ai bien compris, vous demandez à vivre à votre guise, sans tutelle, sans entraves, comme les sauvages, en pleine liberté.

Brouillon. — C'est cela !

M. le Président. — Eh bien ! c'est très-facile. Il existe encore des pays inhabités, on peut vous y faire transporter avec vos semblables en opinions. Là, vous aurez la liberté absolue de faire tout ce que vous voudrez. Nous vous donnerons des instruments de culture.

Brouillon. — Pas de ça, Lisette. Vous voudriez me transporter dans un pays sauvage, où je serai obligé de cultiver si je veux manger, et défendre ma peau pour ne pas être dévoré. Pas un marchand de vin pour me désaltérer. Il me faudrait travailler encore plus qu'ici, et puis, voyez-vous, entre anarchistes, nous n'aurions pas plus de sou les uns que les autres. Si l'un de nous avait de l'argent, c'est à qui voudrait lui prendre. Nous ne tarderions pas à nous égorger. J'aime mieux vivre ici, il y a quelque chose à faire. En cas de révolution, on a l'espoir de tomber sur un bon magot.

Le Président. — Si vous tombiez sur un bon magot, comme vous le dites, qu'en feriez-vous de ce magot?

Brouillon. — Ça, ce n'est pas malin à deviner. Je le cacherais pour que d'autres ne me le prennent pas, et, si j'en avais assez, je changerais de pays pour vivre de mes rentes.

Le Président. — Dans ce cas, vous ne seriez plus anarchiste?

Brouillon. — Si, M. le Président, mais pour la frime; car, quand on est rentier, on n'a pas besoin d'être anarchiste.

Le Président. — Je comprends. Mais dites-moi? Si demain vous héritiez de cent mille francs, que feriez-vous? Vous seriez possesseur de l'infâme capital.

Brouillon. — M. le Président veut rire. Si j'héritais de cent mille francs, l'argent serait bien à moi, et je vivrais en bourgeois, sans trouver le capital infâme. Mes amis politiques sont comme moi. Nous trouvons le capital infâme, parce que nous ne pouvons pas l'avoir. Mais si nous l'avions, il ne ferait pas bon de venir nous le prendre, nous saurions défendre notre bien. Quand on n'a pas le sou, on ne craint pas les voleurs, et on crie sus au capital, parce que s'il y avait une émeute, on espère en avoir sa part.

Le Président. — C'est entendu, vous êtes anarchiste et au lieu de travailler, vous prêchez l'anarchie et la révolution pour amener des troubles, afin de vous permettre de dévaliser les personnes qui ont de l'argent, afin de devenir capitaliste à votre tour. Et une fois capitaliste, vous devenez bourgeois, et vous faites partie des exploiteurs que vous méprisez tant aujourd'hui. Vous voulez que l'on supprime les gendarmes et la police, pour ne pas être gêné au moment d'un pillage. Mais le lendemain, vous réclamerez les gendarmes et la police pour vous protéger contre les voleurs, afin de défendre le fruit des vols que vous aurez commis. C'est bien ainsi que vous et vos pareils pensent, et c'est là ce que vous appelez des opinions politiques? Citoyen Brouillon, vous êtes indigne de vivre en société; et en vous qualifiant de républicain, vous insultez la République.

Voix nombreuses. — A la porte le Brouillon.

Je demande la parole, M. le Président.

Parlez! citoyen Rabot.

Le citoyen Rabot. — J'ai demandé la parole pour vous dire que mes amis et moi, nous ne partageons nullement les idées de Brouillon.

C'est un paresseux qui vit on ne sait comment. Prêchant le désordre de cabaret en cabaret et dans les rénions publiques, cherchant à détourner les ouvriers de la ligne droite, il a toujours de l'argent à dépenser et il n'en gagne pas, il faut donc qu'on lui en donne. Pour moi et pour tous les ouvriers sérieux qui comprennent, c'est un individu payé par nos ennemis pour amener des troubles. Et nous sommes persuadés que tous les prêcheurs de révolution et de grèves sont nos plus cruels ennemis, que ce sont des meneurs payés pour détruire notre industrie. Si quelques gobemouches font escorte à ces individus-là, ce ne sont pas des ouvriers intelligents, désireux de gagner leur vie honnêtement en travaillant. (Applaudissements).

Je demande la parole.

Le Président. — Vous avez la parole, citoyen.

Le citoyen. — Je n'ai que quelques mots à dire. J'approuve ce que le citoyen Rabot a dit, et j'ajoute que j'approuve également l'idée du citoyen Ulysse, de créer une caisse de retraite pour les travailleurs, ainsi que les moyens proposés pour la constituer. Il est certain que tout le monde a le droit d'amasser des rentes. Mais ce qui est également certain, c'est que nous, les travailleurs, nous sommes dans l'impossibilité de profiter de cette liberté. Car, pour amasser, il faut avoir assez d'argent pour acheter le nécessaire à ses besoins journaliers. Et comme nous avons du chômages et des maladies à subir, des enfants à élever, des vieillards à soutenir, nous sommes dans l'impossibilité de mettre un capital en réserve. Il est facile à ceux qui ont le superflu de prêcher l'épargne. Si nous étions comme eux, nous penserions de même. Mais comme nous n'avons pas toujours le nécessaire, nous accepterons avec reconnaissance ce qui sera fait pour nous aider. En assurant le pain de notre vieillesse, vous nous retirerez le plus grand de nos soucis. Car, notre préoccupation la plus poignante est de nous demander ce que nous deviendrons le jour où nous ne pourrons plus gagner notre vie. Amassez-nous des rentes, si vous le voulez, mais ne comptez jamais que sur notre bonne volonté pour le faire et croyez que si notre bonne volonté vous est acquise nous sommes dans l'impossibilité de faire un sacrifice pécunier, si petit qu'il soit.

Vive la Révolution sociale, crie un ouvrier.

Le Président — Citoyen, voulez-vous nous dire pourquoi vous criez : Vive la Révolution sociale.

L ouvrier. — Je vais vous dire ça en deux mots, M. le Président.

J'ai vécu sous la Royauté et sous l'Empire, je vis actuellement sous la République. Pas un de ces gouvernements-là ne sont venus à mon aide. On me disait qu'il n'y avait que la République pour être heureux, et comme votre République ne me donne rien, je veux un gouvernement qui me donne quelque chose. C'est pour cela que je ne vote que pour des candidats qui promettent la Révolution, parce que j'espère que la Révolution sociale m'aidera à payer mon boulanger et mon propriétaire. C'est pourquoi je crie : Vive la Révolution sociale !

Le Président. — Mais, citoyen, vous ignorez donc que le gouvernement, quel qu'il soit, n'est que le représentant de la nation, n'existant que par les impôts payés par tous. Si tous les Français avaient votre idée et vos prétentions, le gouvernement serait dans l'obligation de vous demander trois sous pour vous en donner deux. Vous devez comprendre qu'il ne peut exister de gouvernement qui ait la possibilité de vous satisfaire, attendu qu'un gouvernement a besoin d'argent pour vivre et, qu'il lui est impossible de faire vivre la nation, puisque c'est la nation qui lui donne l'argent nécessaire pour exister.

L'ouvrier. — Alors, M. le Président, plus on change de gouvernement, plus c'est la même chose. Dans ce cas, ce n'est pas la peine de voter. Je n'ai pas besoin de gouvernement. (Hilarité générale.)

Le Président. — Vous êtes encore dans l'erreur. En votant pour des révolutionnaires, vous ne pouvez espérer que du désordre, c'est-à-dire, arrêter le commerce et l'industrie, ce qui vous empêche de travailler et de gagner votre vie. Si, au contraire, vous votez pour des candidats ne cherchant qu'à se dévouer pour l'intérêt du pays, les affaires marcheront et vous n'aurez pas de chômage, ce qui améliorera votre situation. En votant comme vous le faites, vous causez votre malheur. Vous dîtes que vous n'avez pas besoin de gouvernement.

Vous en avez aussi besoin que nous. Il faut un gouvernement pour diriger les affaires de la nation. Si nous n'avions pas de gouvernement, nous ne serions plus une nation, et ne tarderions pas à retourner à l'état sauvage.

Le citoyen. — Eh bien ! alors, vive la Commune ! (Longs murmures.)

Le *Président*. — Si vous viviez sous le régime communaliste, ce ne serait plus un gouvernement qu'il faudrait à la France, mais trente-six mille, et alors vous seriez encore pis qu'à l'état sauvage, car vous ne tarderiez pas être en guerre de commune à commune, et comme il n'y aurait plus d'affaires possibes, vous vous mangeriez les uns les autres. Ceux qui crient : Vive la Commune ! sont des ignorants ou des gens payés pour faire du mal à la nation française. Sachez-le bien, tous les individus prêchant le désordre sont des ennemis des ouvriers, ou des agents payés par nos ennemis, et dans tous les cas, des insensés. Plus il y aura de désordre, plus il y aura de misère. Ce n'est que l'ordre et le travail qui donnent la prospérité.

Le citoyen. — A bas les exploiteurs et le patronat.

Machinot. — Je demande la parole.

M. le Président. — Parlez, citoyen Machinot.

Le *citoyen Machinot*. — Vous venez d'entendre crier à bas le patronat. Je suis patron. J'ai été ouvrier, et certains grands industriels ont eu des commencements des plus modestes. Tous les ouvriers ont le droit de devenir patrons, comme tous les soldats ont le droit de devenir général. Mais ne devient pas patron ni général qui veut. Il faut pour cela avoir l'intelligence nécessaire, et sur cent personnes cherchant à devenir patron, trois ou quatre seulement y parviennent. Et cependant beaucoup de ces personnes-là ont été ouvriers et contre-maîtres, et sont arrivées à être directeurs d'usine. Il faut pour réussir dans l'industrie, connaître à fond le métier qu'on exploite, et avoir les aptitudes commerciales nécessaires. Etre bon travailleur, tout en faisant travailler les autres. Ce sont ces gens-là que les ouvriers jalousent, envient et qu'ils voudraient supprimer. Comme si cela était possible. Eh quoi! il ne serait plus permis à un ouvrier d'arriver à quelque chose! L'intelligence ne compterait plus! Les ouvriers n'auraient pas d'autre espoir que d'être réduits à l'état de machines, de bêtes brutes; et ce sont des ouvriers qui demandent ces monstruosités! Ils ne comprennent donc pas qu'un patron doit gagner de l'argent, pour pouvoir exister et payer ses salariés! Ils se figurent que le patron est libre de payer ses salariés le prix qu'il veut, comme si la concurrence n'existait pas? Les ouvriers doivent comprendre que rien ne peut se faire sans direction, et il est à craindre qu'ils ne regrettent le patronat qui tend à disparaître pour faire place aux sociétés par actions.

La grande industrie ne sera bientôt plus exploitée que par de grandes Compagnies. La lutte sera donc entre le prolétariat et le capital. Que peut le prolétaire sans le capital? Rien ! Les ouvriers veulent gagner beaucoup, travailler peu. Si on ne leur accorde pas cela, ils détruiront les usines et les propriétés. Soit, vous êtes le nombre et la force brutale. Quand vous aurez détruit les usines qui vous font vivre, que ferez-vous le lendemain ? Vous n'aurez plus qu'à vous entre-dévorer. Il est beaucoup d'ouvriers qui comprennent tout cela, c'est à eux à l'expliquer à ceux qui ne le comprennent pas. Car tout ce que nous disons nous-mêmes ne servirait à rien.

J'avais besoin de vous entretenir de tout cela sur la question ouvrière, avant de conclure. Est-ce à dire qu'il n'y a rien à faire entre le patron et ses ouvriers? Je ne le crois pas, et je pense qu'il y a deux choses à organiser pour supprimer l'antagonisme qui existe entre employeurs et salariés. Le premier est la participation aux bénéfices de l'entreprise, bénéfices qui devraient être ainsi répartis : 50 p. 0/0 pour le capital, 25 p. 0/0 pour l'intelligence directrice, et 25 p. 0/0 pour les salariés, proportionnellement au montant du salaire. Ces 25 p. 0/0 dans les bénéfices doivent participer pour le même quantum dans les pertes. Dans ce but, 15 p. 0/0 seraient retenus pour former un fond de garantie mis en réserve pour parer aux pertes. Dès que ce fond serait constitué, les 25 p. 0/0 dans les bénéfices nets seraient distribués aux ayant-droit chaque année. Les participants salariés devraient avoir travaillé ou être restés au service de l'exploitation pendant l'année entière, et n'auraient aucun droit de participer à la direction sans un mandat. Une commission de trois ou de cinq membres prise et nommée par les salariés aurait seule droit de connaître les écritures. Les salariés n'auraient aucun droit de propriété, ni d'engagement. Leur entrée en fonction et leur sortie seraient réglées suivant les usages.

La participation aux bénéfices et aux pertes est le moyen qui donnera le meilleur résultat pour faire comprendre aux salariés les difficultés des entreprises industrielles. Devenant les intéressés, le travail sera mieux exécuté et leurs aptitudes mieux entendues; au lieu de se nuire, ils finiront par comprendre qu'il faut s'aider les uns les autres pour la conservation de notre industrie.

En intéressant nos ouvriers à nos affaires, je crois que les égarés reviendront à de meilleurs sentiments.

M. le Président. — Citoyen Machinot, vous êtes dans la vérité en nous disant que si on intéressait les ouvriers à l'industrie on en obtiendrait de bons résultats. C'est presque toujours l'intérêt qui guide l'homme dans toutes les actions de la vie. Mais si d'autre part on mettait à exécution le projet d'assurance pour les pensions de retraites des vieillards, tous les Français se trouveraient intéressés indirectement à la prospérité et à la stabilité politique, on pourrait dire alors que la question sociale se trouverait résolue.

Il est un fait dont on n'a pas parlé et qui intéresse la question ouvrière.

Pendant les périodes de grande prospérité

industrielle, les ouvriers ont été exigeants et et ont fait élever les salaires ; cette cause et les besoins de produire à bas prix pour soutenir la concurrence ont fait rechercher les moyens mécaniques de remplacer la main-d'œuvre ; les progrès ont été si considérables depuis le vote de la loi sur les coalitions qu'actuellement l'industrie peut produire moitié plus que les besoins de la consommation ne l'exigent ; en d'autres termes, avec l'outillage industriel existant dans le monde entier, on peut produire tout ce qui est nécessaire aux consommateurs en ne travaillant que trois jours par semaine ; ce résultat désastreux a été amené par le libre-échange et la concurrence à outrance, il en est résulté la perte de la belle et bonne fabrication et le règne de la camelotte.

Ce n'est pas avec 3 jours de besogne par semaine que l'industriel et les ouvriers peuvent vivre et ce n'est pas l'écroulement de la moitié de nos établissements industriels qui fera augmenter le chiffre des impôts ; il est donc urgent que l'Etat prenne des mesures énergiques, s'il veut conserver les ressources de sa vitalité. Dans ce but, je vous propose de lui adresser l'expression de nos vœux, qui se résument par les propositions suivantes :

1o Edicter une loi pour obliger les propriétaires du sol cultivable à mettre la quantité de fumure voulue par hectare de terre.

2o Présenter une loi, pour ordonner la création d'une caisse d'assurance nationale, afin de constituer des pensions de retraite à tous les français des deux sexes à partir de l'âge de 60 ans.

3° Ordonner que toute marchandise fabriquée, de provenance étrangère, ne puisse être mise en vente sans une étiquette indiquant son origine.

4° Modifier l'assiette de l'impôt en matière industrielle et commerciale, c'est-à-dire exonérer les industriels d'impôts, lorsqu'ils ne vendent pas directement leurs produits. Faire payer la part d'impôt qui leur incombe par les commissionnaires en marchandises et les représentants de commerce. Le montant de l'impôt serait basé sur le chiffre d'affaires. Ce moyen a pour but d'atténuer les conséquences désastreuses du traité de Francfort, d'empêcher la ruine de l'industrie française au profit de l'Allemagne et ensuite de faire rentrer au Trésor une somme considérable qui lui échappe, par les moyens employés par les étrangers pour accaparer notre marché et nous vendre des marchandises qui ne nous rapportent rien.

5° Ordonner la création d'un conseil d'expertise pour examiner les brevets d'inventions, au point de vue de leur validité, mais sans garantie du gouvernement, le tout aux frais des intéressés qui en feront la demande.

Avant de clore cette séance, quelqu'un demande-t-il la parole ?

Non !

Vive la France !

Vive la République !

Vive l'Ordre !

Applaudissements prolongés.

— Vive le roi ! dit un monsieur à chapeau à haute forme.

— Vive l'Empire ! hurla un quidam moustachu, muni d'un gourdin, qui au même moment lança un vigoureux coup de poing sur le chapeau et fit ressortir la tête du monsieur par le fond ; le monsieur tira sur son chapeau et s'en fit une cravate, en criant : « A moi Don Carlos. » Les deux antagonistes se regardèrent le blanc des yeux, et aussitôt leurs traits contractés par la colère se détendirent comme par enchantement ; ils venaient de se reconnaître comme collègues du comité conservateur.

— Vive l'Union ! glapit un gavroche, et la séance fut terminée.

Le Rapporteur,

T. GRISON.

www.ingramcontent.com/pod-product-compliance
Ingram Content Group UK Ltd.
Pitfield, Milton Keynes, MK11 3LW, UK
UKHW021111200726
13857UKWH00003B/1187